일, 관계, 인생을 바꾸는 황정민 아나운서의 말하기 디테일

내 뜻대로 말한다는 것

황정민 지음

프롤로그

삶이 조금 더 다정해지는 한마디

　책을 읽는 사람은 점점 줄어드는데, 책을 내고자 하는 사람은 여전히 많습니다. 책 한 권을 내기 위해서는 3미터 높이의 나무 한 그루를 베어야 한다지요. 그럼에도 저 역시 책을 쓰는 행렬에 동참했습니다. 과연 내게 전할 만한 이야기가 있을까? 수없이 자문하며 머뭇거렸지만 결국 이 책을 쓰고야 말았습니다.

　책을 쓰는 데 가장 큰 걸림돌은 스마트폰이었습니다. 일상의 일을 마치고 곧장 글쓰기 모드로 전환되면 좋으련만, 궁금하지도 않고 도움이 되지도 않는 기사들을 뒤적였어요. SNS에서 남들이 어떻게 하루를 보냈는지 훔쳐보며 많은 시간을 흘려보내곤 했습니다. 이미 제 뇌는 스마트폰이 주는 도파민에 익숙해져 있었고, 그렇게 무의미한 서핑을 하고 나서야 마음이 진정되곤 했지요.

스마트폰뿐만이 아니라 OTT와 쇼츠까지, 제게 주어진 혼자만의 시간을 잠식해왔습니다. 어쩌면 이 책을 펼친 당신도 이미 그 과정을 거치고서 여기까지 오신 것일지 모르겠습니다.

생각해보니 책은 수많은 경쟁상대와 맞서야 합니다. 재미도 있어야 하고 참신해야 합니다. 무엇보다 읽을 만한 매력이 있어야 하죠. 이미 선후배들이 말하기에 관한 훌륭한 책들을 펴낸 터라 중요한 이야기는 다 나온 듯 보이기도 합니다. 저는 더 이상 그들을 넘어서는 가르침을 담을 수도 없고, 그럴 의도도 없습니다. 다만 말을 무기로 살아온 직업인으로서 제가 그동안 해온 방송을 돌아보며 스스로 아쉽고 부족했던 부분, 그리고 그럭저럭 괜찮았던 부분을 함께 나누고 싶습니다.

누군가와의 대화는 마음을 따뜻하게 만들기도 하고, 어떤 사람과의 대화는 유난히 불편하게 느껴지기도 합니다. 물론 그것은 성향 차이일 수도 있겠지요. 그러나 대화 속에서 마음의 화합이 일어나기도 하고 불화가 생기기도 한다는 사실을 떠올리면, 결국 많은 경우 말이 그 갈림길을 만들고 있음을 깨닫습니다. 가장 중요한 것은 진심이라고 믿었지만, 제대로 표현되지 않은 진심은 결국 전해지지 않더군요.

 기억에 남는 장면이 하나 있습니다. 아주 예쁜 딸을 데리고 방송국을 견학하러 온 후배에게 누군가가 "남편이 인물이 좋으신가 보다."라고 말하는 것을 지켜본 적이 있습니다. 말을 건넨 이는 딸이 예뻐서 칭찬하려던 것이었지만, 의도와 달리 후배는 서운함을 느꼈을 겁니다. 만약 "남편도 인물이 좋으신가 보다."라고 했다면 어땠을까요? 모두가 기분 좋은 칭찬이 되어 의도대로 따뜻한 분위기로 마무리되었을 것입니다. 조사 하나에도 이렇게 의미가 달라지고, 의도가 전혀 다르게 받아들여질 수 있습니다.

 우리는 말을 통해 위로받기도 하고 상처받기도 합니다. 의식하지 않아도 자연스럽게 호흡하는 것처럼 말하기 또한 그렇습니다. 숨이 고르지 않으면 몸이 힘들어지듯, 말이 흐트러지면 관계가 힘들어지곤 합니다. 이 책을 읽는 분들도 한 번쯤은 자신의 말하기에 대해, 그로 인한 관계의 문제에 대해 고민해본 적이 있을 겁니다. 그만큼 말의 힘은 강력하고 우리 삶의 많은 부분에 영향을 미치기 때문이지요.

저 역시 그동안 저에게 위로가 되었던 말, 상처가 되었던 말, 도전이 되었던 말, 그리고 정보가 되었던 말들을 곱씹어보았습니다. 그러면서 나는 어떻게 말해야 할까, 어떤 이들의 말이 유난히 인상적이었을까를 생각했습니다. 그리고 말의 힘을 곱씹다 보니, 감사의 마음을 전해야 할 사람들이 떠올랐어요.

어디로 가야 할지 몰라 서성이고 있을 때 현대홈쇼핑 〈황정민쇼〉의 든든하고 다정한 동료들을 만난 것은 큰 행운입니다. 또한 동굴 속에 숨어 있는 저를 세상 밖으로 불러내주시고, 이 책이 나오기까지 묵묵히 기다려주신 미래엔 출판사 분들께 고마움을 전합니다. 그리고 사랑하는 남편과 아이들에게, 언제나 그대들의 인생을 응원한다는 말을 남기고 싶습니다.

이 책이 말로 상처받고 관계 때문에 고민하는 이들에게 잠시나마 쉼이 되기를 바랍니다. 저 역시 완벽한 답을 드릴 수는 없습니다. 하지만 같은 고민을 품어온 사람이 있다는 것만으로도 작은 위안이 되지 않을까 싶습니다.

  만약 인생 2회차가 주어진다면 나는 이렇게 대처했을 거라는 상상을 품으며 이 글을 썼습니다. 실제로는 그 상상처럼 모든 상황에 완벽하게 대처할 수는 없겠지만, 마음속 힘을 모아 단 3퍼센트만이라도 변화를 만들어낼 수 있다면 조금은 숨 쉴 만하지 않을까요. 잠재력이 없는 사람은 없습니다. 우리 마음속에는 이미 모든 것이 들어 있습니다. 찾아내기만 하면 됩니다.

  함께 우리의 말하기를 돌아보며 조금 더 따뜻한 관계를 만들어가면 어떨까요.

− 2025년 9월, 어느 날
황정민

(차 례)

프롤로그 삶이 조금 더 다정해지는 한마디   5

───────── CHAPTER  ─────────

나를 깨우는 말

"숨쉬며 살아가듯
말하며 살아갑니다"

───────────────────────────

삶의 리듬을 만드는 언어   17
TALK ① 일상에서 활용하는 다양한 호흡법
귀에만 달콤한 말, 마음을 흔드는 말   28
소리 없이 강한 잠깐의 멈춤   35
TALK ② 퍼즈의 효과
말하지 않으면 알 수 없고,
말한다고 다 전해지는 것도 아니다   46
나조차 몰랐던 나의 가능성   56
제대로 표현하지 못한 진심   64

CHAPTER Ⅱ

관계의 온도를 높이는 말

"말은 줄이고 소통은 늘리며
서로를 조금씩 알아갑니다"

다른 사람 입장에서 출발하기	73
말의 품격은 태도에서 나온다	79
TALK ③ 상사들이 주의해야 할 말 습관	
관계의 온도를 결정 짓는 첫마디	88
TALK ④ 일로 만난 사이, 첫 만남에서 좋은 인상을 주는 대화법	
경청의 기술	99
잘 듣는다는 것에 대하여	106
TALK ⑤ 지금 바로 활용하는 액티브 리스닝	
이토록 따뜻하게 안아주는 말이라면	116
어떤 말은 결코 사라지지 않는다	124
둘이 만나는 걸 좋아합니다만	132
부드러움은 강함을 이긴다, 말도 그렇다	139
폭죽처럼 꽃을 피우는 말, 총알처럼 박히는 말	147
내가 옳다는 믿음 내려놓기	154
전달력과 설득력을 높이는 법	160
TALK ⑥ 실전에 도움되는 3분 스피치	

─────────── CHAPTER Ⅲ ───────────

마인드를 단단하게 만드는 말

"때로는 다른 사람에게 '노',
나에게는 '예스'라고 말해볼까요"

───────────────────────────────

"다 너를 위해서야"에 숨겨진 무례함에 맞서기 　　　　　173
에너지 뱀파이어가 침범하지 못하도록 　　　　　　　　180
TALK ⑦ 에너지 뱀파이어에게서 나를 지키는 방법
말에도 편집이 필요하다 　　　　　　　　　　　　　　　193
나를 지키는 거절의 노하우 　　　　　　　　　　　　　　202
상황 말고 나에게 집중하는 법 　　　　　　　　　　　　212
삶을 풍요롭게 채워주는 다양한 색깔의 이야기꾼 　　　220

---------------- CHAPTER Ⅳ ----------------

성장, 변화, 실천의 말

**"말을 통해 또 다른 나를 만나고
다채로운 세상을 발견합니다"**

취향이라는 이름의 자기 탐색 　　　　　　　　　　　　　231

흑백의 일상에 컬러를 입히는 나만의 정화 의식 　　　　238

TALK ⑧ 나만의 리추얼 찾기

여행하듯 일상을 산다면 삶이 조금은 더 다정해질지도 　248

감탄이 감탄을 불러오고, 기쁨이 기쁨을 확장한다 　　　258

"아빠는 늘 행복하셨습니다!" 　　　　　　　　　　　　265

일단 시작하자 　　　　　　　　　　　　　　　　　　　270

TALK ⑨ 시작이 어려운 이들을 위하여

CHAPTER 1

나를 깨우는 말

"숨쉬며 살아가듯
말하며 살아갑니다"

삶의 리듬을
만드는 언어

　　뉴스 시작 5분 전, 뉴스 진행자가 도착하지 않았다면 어떻게 될까요? 그 순간 스튜디오의 공기는 단박에 긴장감으로 가득찹니다. 뉴스는 철저히 시간과의 싸움입니다. 단 몇 초만 늦어도 방송 사고로 이어지기 때문이죠. 그래서 뉴스 진행자들은 긴장 상태를 유지해야 합니다. 저는 미팅 중에도 시계를 자주 보는데 뉴스를 진행하며 생긴 습관입니다.

　뉴스 진행 전에는 여유 시간을 갖고 미리 준비를 하지만 간혹 급박한 상황에서 스튜디오로 뛰어야 할 때도 있습니다. 그렇다고 무작정 달릴 수는 없습니다. 숨이 가빠지면 말이 무너지고, 말이 무너지면 뉴스의 흐름이 흔들리기 때문입니다. 뛰면서도 호흡이 무너지지 않도록 조절해야 하는 이유입니다.

소리 내서 말하고
목소리와 호흡 느껴보기

보통 라디오 뉴스 하나를 전달하는 데는 5분의 시간이 소요됩니다. 짧은 시간 동안 모든 정보를 또렷하게 담아내야 하기에, 그 시간 안에 흔들린 호흡을 정리하고 안정을 찾는 일은 거의 불가능에 가깝습니다.

뉴스 진행에서 가장 중요한 것은 '전달력'입니다. 단어 하나하나에 힘을 실어 정확하게 전하려면 무엇보다 호흡이 안정되어 있어야 합니다. 단순히 '대본을 읽는 것'이 아니라 균형 잡힌 호흡과 리듬으로 '정보와 의미를 제대로 전달'해야 하는 것이죠. 하지만 이미 숨이 가쁜 상태라면 뉴스에 집중하기는커녕 호흡을 바로잡을 여유조차 없이 그 5분여의 시간이 그대로 흘러가 버리고 맙니다.

말이라는 리듬을 지탱하는 바탕이 호흡인데, 호흡이 흔들리면 발음도, 전달력도, 감정도 함께 무너집니다. 그런 날이면 시청자의 항의도 어김없이 따라오죠. "왜 뉴스를 저렇게 하느냐."는 말 한마디가 꽤 아프게 마음에 꽂힙니다.

이처럼 말하기에 있어 호흡 조절은 굉장히 중요합니다. 뉴스 진행뿐 아니라 업무적인 미팅, 회의, 발표 등에서도요. 저 역시 중요한 발표나 방송을 앞두고 거울 앞에 앉아 소리 내어 읽는 연습을 합니다. 긴장하면 호흡이 흔들리고, 호흡이 엉키면 내가 준비한 말을 온전히 전달하기가 어렵기 때문입니다.

특히 말의 속도 조절이 잘못되면 예상한 시간 안에 준비한 말을 마치지 못할 수도 있습니다. 그래서 저는 항상 스톱워치를 켜고, 말의 길이와 호흡의 간격을 재며 연습합니다. 반복해서 소리 내어 말하다 보면 말의 리듬이 몸에 자연스럽게 스며들지요.

드라마 〈미생〉의 한 장면이 이를 잘 보여줍니다. 오상식 과장은 PT를 준비하던 장그래를 불러 묻습니다. "소리 내서 연습해봤어?" 무슨 의미인지 잘 이해하지 못한 장그래가 갸우뚱한 표정을 짓자 이렇게 설명하죠. "발표할 때처럼 소리 내서 연습해보라고. 눈으로만 읽을 때랑 많이 다르니까. 긴장하면 호흡이 제멋대로거든. 멀리 있는 사람까지 생각해서 소리를 더 크게 내면 숨이 많이 딸려."

그는 발표를 앞두고 실제로 소리를 내보는 것이 중요하다며, 스피커로 긴장한 자신의 숨소리까지 들어봐야 한다고 강조합니다. 오 과장의 이 말은 발표를 앞둔 모든 사람에게 건네는 현실적인 충고처럼 들립니다. 실제로 소리를 내어 말하면, 무의식 속 긴장과 호흡의 흔들림이 나타나고 그 떨림을 자각할 수 있게 되지요. 자기 목소리를 직접 들어보면서 교정할 수 있는 기회가 생기니 여러모로 유용합니다.

그래서 잘 준비된 문장, 깔끔하게 써진 발표문이라 하더라도 반드시 소리를 내어 입으로 말해봐야 합니다. 어디서 막힐지, 어디서 숨이 딸릴지, 시간이 얼마나 걸릴지 실제로 말해보기 전에는 알 수 없으니까요.

호흡은 말하기의 기본이다

호흡 조절은 말하기나 뉴스 진행에서만 의미가 있는 것은 아닙니다. 일상의 거의 모든 영역과도 연결되어 있지요. 운동

할 때 저는 자주 숨을 멈춥니다. 숨 쉬고 싶지 않아서가 아니라, 너무 힘들어 도저히 숨을 쉴 수 없을 때가 있기 때문입니다. 그러면 피트니스 선생님이 다가와 "호흡하세요. 같이 숨 쉬어봐요."라고 합니다. 그 말이 들리면 저는 다시 천천히 숨을 들이쉬고 내쉬며 몸의 흐름을 되찾습니다.

출산할 때도 마찬가지였습니다. 어찌할 수 없는 고통이 밀려올 때 라마즈 호흡을 했습니다. 고통은 여전했지만 호흡에 집중하면 조금 더 수월하게 그 순간을 지나갈 수 있었어요. 몸을 조여오는 고통에 집중하기보다 숨결 하나하나에 집중할 때 몸이 조금씩 이완되고 마음도 조금은 진정되는 걸 느꼈지요.

수영을 할 때도, 골프를 칠 때도, 호흡은 늘 '힘을 빼는 기술'과 연결됩니다. 올바른 호흡 없이 몸의 긴장은 풀리지 않으며, 몸이 긴장되면 어떤 동작도 자연스럽게 이어지지 않습니다.

호흡은 단순한 생리 작용이 아니라, 몸과 마음의 연결이며 삶의 리듬이에요. 요즘처럼 디지털 환경에 오래 노출되는 시대에는 무의식적으로 숨을 놓치는 경우가 많습니다. 컴퓨터나 스마트폰 화면을 응시할 때 사람들은 자신도 모르게 긴장한 채 숨을 참거나 아주 얕은 숨만 반복한다고 합니다. 이러한 현상을 '디지털 무호흡 digital apnea'이라고 부르더군요. 이 상태가 지속되면 자율신경계의 균형이 깨지고 만성 피로나 집중력 저하로 이어진다고 합니다.

이런 내용들을 접하며 생각했습니다. 우리는 스스로를 위해서라도 숨을 쉬는 일에 좀 더 의식적이어야 한다고요. 호흡법에는 여러 가지가 있고 각기 효용이 조금씩 다릅니다. 그중에서 저는 초보자에게 적합한 4-2-4 호흡법을 추천하고 싶어요. 《코어 마인드》의 저자 지나영 교수는 이 호흡법을 소개하며, 미국 네이비실 Navy SEALs 대원들도 실전에 활용하는 기술이라고 말합니다. 코로 4초간 숨을 들이쉬고, 2초간 멈췄다가, 입으로 4초간 천천히 내쉬는 간단한 방식이지만 긴장을 푸는 데 효과적입니다.

호흡을 통해 몸과 마음의 건강을 찾고 스트레스를 낮추는 데는 명상과 운동도 상당한 도움이 됩니다. 명상 중에서도 호흡 기반 명상 mindful breathing은 호흡 패턴을 안정시키고 스트레스를 줄이는 데 효과적입니다. 하버드 의과대학 연구에 따르면, 규칙적인 깊은 호흡은 심신의 긴장을 완화하고 혈압을 낮추며, 자율신경계를 안정시켜 감정적 균형에도 긍정적인 영향을 준다고 합니다.

운동 역시 호흡의 질을 높이는 데 중요한 역할을 합니다. 미국 폐협회는 주 150분 이상의 유산소 운동이 폐 기능과 호흡 근육을 강화한다고 권고했어요. 배우 조여정 씨는 유산소 운동과 무용, 놀이를 결합한 운동인 탄츠플레이 Tanz Play를 통해 몸의 균형과 호흡의 유연함을 함께 다듬고 있다고 하더군요. "배우의 몸은 무용수처럼 유연하고 정돈되어야 한다."는 그녀의 말에 상당히 공감되었습니다.

우리가 숨 쉴 수 있는 횟수에 한계가 있다면?

살아 있는 동안 우리가 숨 쉴 수 있는 횟수에 한계가 있다면, 당신은 그 숨을 어떻게 쓰실 건가요?

예전에 들은 이야기가 있습니다. 사람이 태어나면서부터 쉴 수 있는 호흡의 수가 정해져 있다면, 천천히 숨을 쉴수록 더 오래 살 수 있다는 겁니다. 물론 의학적으로 완전히 입증된 사실은 아닐 수도 있겠지만, 저는 그 말을 듣고 묘하게 납득이 됐어요. 그리고 이런 생각이 들었습니다. 우리가 얼마나 바쁘게 살아가고 있는지, 그리고 그 바쁨이 우리 호흡마저도 얼마나 조급하게 만들어버리는지 말이에요.

저는 운동할 때마다, 그리고 누워 있을 때마다 스스로에게 질문을 던집니다. '지금, 제대로 숨 쉬고 있니?' 심호흡을 하며 배에 손을 얹어봅니다. 그러면 어느새 마음이 조금은 느긋해지고, '나'라는 존재가 다시금 내 안으로 돌아옵니다.

하루 중 호흡을 의식하기에 가장 좋은 시간은 잠들기 전입니다. 저도 예전엔 유튜브를 들으며 잠들곤 했습니다. 화면을 보지 않아도, 그 소리의 자극만으로도 뇌는 여전히 쉬지 못한 채 깨어 있는 상태로 남더군요. 그래서 요즘은 유튜브를 끄고 눈을 감은 채 천천히 숨을 쉬며 상상을 해봅니다. 숲길을 걷는 상상, 파도에 몸을 맡기는 상상, 그리고 아주 평온한 얼굴로 깊은 잠에 빠지는 나 자신을 떠올려보는 거죠.

호흡을 가다듬는 일은 발표나 인터뷰처럼 특별한 순간에만 중요한 것이 아닙니다. 우리가 매일의 삶 속에서 겪는 불안과 긴장을 풀어내는 데 있어서도 호흡은 중요합니다. 우리를 살아가게 하는 가장 기본적이고 본질적인 힘이니까요. 말을 잘하고 싶은 분들이라면 말보다 먼저 숨을 돌아봐야 합니다. 그저 잠시 눈을 감고 천천히, 아주 천천히 숨을 쉬면 됩니다. 말은 호흡의 흐름 위에 떠 있는 배와 같아서 숨이 흔들리면 말도 흔들리고, 숨이 안정되면 말에도 안정이 깃드니까요.

문득 숨이란 건 말 그대로 '숨겨진 생명' 아닐까 하는 생각을 해보았습니다. 너무 복잡한 세상에서 잊히기 쉬운 나를 다시 발견하려면 그저 잠시 눈을 감고 천천히, 아주 천천히 숨을 쉬면 됩니다. 그 한 숨의 길이만큼 우리는 더 길게, 더 단단하게 살아갈 수 있으니까요.

똑똑하게 TALK TALK 하기 ①

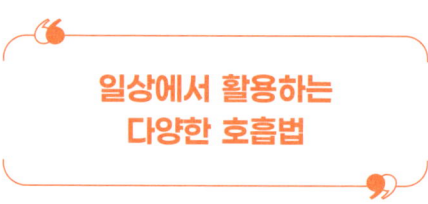
일상에서 활용하는
다양한 호흡법

1. 복식 호흡(Diaphragmatic Breathing)

배에 힘을 주며 숨을 들이쉬고 내쉬는 방식의 호흡법. 숨을 들이쉴 때 배가 나오고, 내쉴 때 들어가는 감각을 의식하며 천천히 반복한다. 복식 호흡은 긴장을 풀어주고 마음을 안정시키며 감정 조절, 발성, 집중력 향상에 도움을 준다.

2. 4-7-8 호흡법

4초간 숨을 들이쉬고, 7초간 숨을 참았다가, 8초에 걸쳐 천천히 내쉰다. 심리적 안정과 불면 완화에 탁월한 효과가 있어 명상이나 수면 전 루틴으로 많이 쓰인다. 잠들기 전이나 마음이 불안할 때 이 호흡법을 하면 몸과 마음이 차분해진다.

3. 박자 호흡(Box Breathing 또는 사각형 호흡)

4초간 들이쉬고, 4초간 멈추고, 4초간 내쉬고, 다시 4초간 멈추는 네 단계의 호흡을 일정한 박자에 맞춰 반복한다. 이 호흡은 스트레스 상황에서 자신을 다잡는 데 유용하다.

4. 코로만 하는 느린 호흡(Nasal Breathing)

입을 다문 채 코로만 천천히 숨을 쉬는 습관은 과호흡을 줄이고 이산화탄소의 균형을 조절해 호흡의 질과 신체 에너지 효율을 높여준다. 운동 중에도 코호흡을 유지하면 체력 소모를 줄이는 데 효과적이다.

5. 명상 호흡(Mindful Breathing)

특정한 패턴 없이 오직 지금 이 순간 숨 쉬고 있는 나 자신에게 집중하며 호흡한다. 들숨과 날숨의 감각을 가만히 관찰하면서 마음의 소란을 가라앉히고 내면의 소리를 되찾는 데 큰 효과가 있다.

귀에만 달콤한 말,
마음을 흔드는 말

아나운서를 꿈꾸는 지망생 중에는 현직 아나운서를 직접 만나고 싶어 하는 이들이 있습니다. 어떤 공부를 해야 하는지, 방송국의 분위기는 어떤지, 책이나 인터넷 검색만으로는 알 수 없는 생생한 이야기를 듣고 싶어 하기 때문입니다. 그래서인지 저 역시 건너 건너 연락을 받을 때가 있습니다. 특히 당사자보다는 어머님들 연락이 많았습니다.

"우리 애가 아나운서를 꿈꾸는데 한 번만 만나주세요.", "가능성이 있는지 봐줄 수 있나요?", "재능이 없다면 냉정하게 말해주셨으면 해요." 이런 말씀들을 하십니다.

자녀의 미래를 걱정하는 마음은 충분히 이해합니다만, 한 사람의 가능성을 제가 판단할 수 있을까요? 그건 면접관이나 심사위원의 몫이지 제가 할 일은 아니라 매우 조심스러웠습니다. 그래서 만나게 되는 경우에도 단정적인 이야기는 하지 않았지요. 대신 뉴스 낭독을 봐주거나 말의 흐름, 목소리의 감정선, 무심코 쓰는 말버릇 같은 것에 대한 조언을 건네는 정도에서 멈췄습니다.

말은 마음을 담는 투명한 그릇이다

아나운서 지망생들이 보내준 영상을 보다 보면 실력 좋은 친구들이 많습니다. 그들 대부분은 음성도 괜찮고, 발성이나 발음도 정확하고, 전달력이 좋아 말을 매끄럽게 잘했습니다. 그런데 이상하게도 그중에는 흠잡을 데가 없는데도 마음에 잘 와닿지 않는 경우가 있었습니다. 마치 AI의 안내 멘트를 들은 것처럼 왠지 모르게 공허한 느낌이 들었다고나 할까요.

왜 그럴까? 대체 무엇이 문제일까 생각해보았지요. 아나운서에게 바라는 것이 정해진 내용을 또박또박 말하는 것만은 아닐 거라는 생각이 들었습니다. 그렇다면 사람들이 진행자에게 바라는 건 뭘까요?

저는 이 질문을 오랫동안 붙들고 있었고 아주 단순한 곳에서 실마리를 찾았습니다. 그것은 바로 '진심'입니다. 말을 전할 때 진실로 공감하고 있는가, 바로 그것이었어요. 아무리 정확하게 말을 해도 거기에 마음이 담기지 않으면 아무 감흥도 남지 않습니다.

아나운서 지망생들의 영상을 보고 제가 느낀 공허함도 어쩌면 그런 이유 때문이었을 겁니다. 글을 이해하고 자기 언어로 소화하기보다 대본 그대로를 외우는 데만 급급한 듯한 느낌 말이에요. 아나운서나 진행자는 '대본을 잘 읽는 사람'이 아니라, 거기에 담긴 '의미와 감정을 잘 전달'하는 사람이어야 하니까요.

진심이 중요한 건 뉴스 진행의 문제만이 아닙니다. 사람 사이의 만남에서도 마찬가지죠. 제게 유독 친한 척을 하는 동생이 있습니다. 사실 그리 친한 사이도 아니고 여럿이 함께 모이는 자리에서 1년에 한 번 정도 보는 사이인데, 모임에서 만나면 보자마자 반색하며 팔짱부터 낍니다.

"언니, 너무 오랜만이다. 보고 싶었어, 진짜! 근데 왜 점점 더 어려지는 거야. 어머 피부 좀 봐, 나보다 동생이라고 해도 믿겠다."

"지난번 모임에 언니가 안 나와서 우리 다 기운 빠졌잖아. 언니 없으면 분위기가 안 산다고!"

칭찬 일색의 달콤한 말을 쏟아내지만 마치 매뉴얼처럼 짜인 멘트들입니다. 감탄사와 과장된 찬사가 속사포처럼 쏟아지는데, 정작 그 말에선 진짜 마음의 온기가 느껴지지 않습니다. 내 안을 훑고 나온 진심이 담긴 말이 아니기 때문이겠죠. 그래서인지 대화가 오래 지속되지도 않을뿐더러 좀처럼 가까워지지도 않습니다.

반면 말을 많이 하지 않아도 진심이 느껴지는 사람이 있습니다. "일도 좋지만, 건강 잘 챙겨." 툭 던진 한마디에 마음이 따뜻해집니다. 이런 사람들과는 많은 말을 하지 않아도 좋고, 오랜만에 만나도 어색하지 않습니다. 말로 다 표현할 수 없는 마음이 담겨 있다는 걸 알기 때문이죠.

아무리 화려한 말도 진심을 이길 수는 없습니다. 결국 말은 마음을 담는 그릇이고, 마음이 담기지 않은 말은 아무리 잘 포장해도 다 느껴지니까요.

진심이 담긴
말 한마디의 위력

홈쇼핑을 진행하면서도 같은 고민이 이어졌습니다. 방송을 준비하며 "진정성 있는 멘트로 고객의 마음을 움직여야 한다."는 말을 자주 듣습니다. 진정성이란 도대체 무엇일까요?

저는 그것이 결국 '공감'에서 시작된다고 생각합니다. 여기서 말하는 공감은 단순히 상대의 기분에 맞춰주는 것을 의미하지 않아요. 내가 왜 이 말을 하는지, 지금 내 마음은 어떤지, 그리고 이 말을 듣는 상대방은 어떤 마음일지 그 관계 안에서 생겨나는 감정의 교류가 바로 공감입니다. 말은 결국 감정을 전달하는 통로이기에 내 마음이 움직이는 말이어야 상대에게 도달할 수 있잖아요. 그런 마음의 대화가 쌓일 때 진정성 있는 전달이 가능해집니다.

언젠가 〈황정민쇼〉에서 파자마를 소개할 때 있었던 일입니다(〈황정민쇼〉는 매주 목요일 아침 8시 15분 현대홈쇼핑에서 방송됩니다). "여러분 지금 입고 계신 옷 한번 보세요. 혹시 늘어진 티셔츠에 무릎 나온 트레이닝복 아닌가요?" 그러면 화면 너머 어딘가에서 누군가가 방송 문자를 보냅니다. "어머 우리 집에

CCTV라도 달렸나 봐.ㅎㅎ" 그 짧은 웃음 안에 작은 공감이 싹틉니다.

또 이런 멘트를 해본 적도 있습니다. "저희 남편은요, 대학교 때 보던 토플책을 아직도 못 버려요. 뭐든 못 버리는 사람이거든요. 그러니 늘어진 잠옷을 버리게 하겠어요?" 그러면 누군가는 이렇게 반응합니다. "어쩜 우리 남편도 똑같아요. 해묵은 짐이 한가득이라니까요." 이렇듯 공감할 수 있는 말 한마디가 '나도 그래요'라는 마음을 불러옵니다.

홈쇼핑 진행도 결국 사람과 사람의 대화입니다. 정보를 전달하는 것도 중요하지만 마음에 가닿을 수 있어야 하는 거죠. 시간이 지나면 정보는 잊히지만 공감은 기억에 남습니다. 말은 기술이 아니라 마음이고 공감은 마음이 닿는 가장 따뜻한 방식입니다.

요즘은 여기저기서 AI 음성이 많이 활용됩니다. 내비게이션과 각종 안내 방송은 우리가 가장 익숙하게 접하는 AI 음성의 형태죠. 길 안내, 버스 정류장 도착 알림, 지하철 환승 안내 등 일상 속 많은 곳에서 AI 음성이 자연스럽게 사용되고 있습니다. 한때는 어색하고 기계음처럼 들리던 목소리가 이제는 실제 사람과 거의 구별되지 않을 정도로 정교해졌습니다.

대형 빅테크 기업들이 제공하는 다양한 음성 비서들도 모두 AI 기반입니다. 날씨 안내, 일정 관리, 음악 추천, 가전제품 조작 등에 활용되며, 마치 대화를 나누는 듯한 친근함을 보여줍니다.

그럼에도 사람이 직접 말하는 것 같은 아날로그적 감성은 아직 AI 목소리에서 찾기 어렵습니다. 제가 아쉬워했던 아나운서 지망생들의 매끄러운 리딩도 마찬가지입니다. 발음은 정확하고 문장은 또렷하지만 듣는 이의 마음을 툭 건드리는 감정의 결은 부족하게 느껴졌습니다. 말을 매끄럽게 하는 것보다 중요한 건, 그 안에 담긴 진심과 감정이 전해지는 것이겠죠. 그래야 비로소 마음이 움직이니까요.

진심이 담긴 말 한마디가 관계에 영향을 미치고, 누군가의 하루를 바꾸는 건 바로 그런 이유 때문 아닐까요.

소리 없이 강한
잠깐의 멈춤

　며칠 전 아이가 다니는 관리형 스터디 카페에 전화를 했습니다. 학원 스케줄 외에는 결석이 인정되지 않는 곳인 데다 출결이 나쁘면 벌점이 쌓입니다. 벌점이 쌓이면 강제 퇴원을 할 수도 있고요. 그래서 아이를 대신해 사정을 설명하고 양해를 구하는 일이 종종 있었어요. 이유가 마땅치 않으면 가끔 약간의 거짓말을 보태 핑곗거리를 만들기도 했습니다. 그날도 클리닉 핑계를 댔지요.
　"오늘 아이가 클리닉에 다녀와야 해서요, 조금 늦게 갈 거예요."

"…."

"괜찮을까요? 출석 체크에 혹시 문제 생기면…."

"네, 그렇게 알고 있을게요."

그날도 어김없이 잠깐의 정적이 흘렀습니다. 비슷한 전화를 몇 번 드린 적이 있는데 늘 2초쯤 뜸을 들인 뒤 대답을 하셨어요. 그 2초, 참 묘하더군요. 대답이 바로 나오지 않으니 순간적으로 긴장감이 올라왔어요. '혹시 내가 거짓말한 걸 눈치채셨나? 무언의 사인을 주시는 건가?' 괜히 마음이 좁아들고 슬며시 눈치가 보였습니다.

멈춤으로써 나아가게 하는 조용한 설득의 기술

"성가신 사람과 얘기할 때는 대답을 너무 빨리하지 않는 것이 요령입니다. 상대의 이야기가 끝나면 2초 정도 틈을 뒀다가 말해보세요. 상대가 불편해할 정도가 딱 좋습니다."

이노우에 도모스케의 책 《심리 대화술》에 나오는 문장입니다. 이렇게 의도적으로 잠깐 멈추는 것을 '퍼즈'라고 합니다. 퍼즈Pause란 말 그대로 '멈춤'이에요. 단순한 멈춤이 아니라 의미 있는 정적이죠. 말과 말 사이, 혹은 행동과 행동 사이에 일부러 숨을 고르고 멈추는 순간을 말합니다. 속도를 늦추고 생각을 정돈하고 상대의 반응을 받아들이기 위한 짧은 쉼표 같은 거예요. '의도를 담은 침묵'이라고 할 수 있죠.

말을 더 잘하고 싶을 때도, 상대를 더 잘 이해하고 싶을 때도, 내 감정을 조절하고 싶을 때도 퍼즈는 우리에게 아주 중요한 여백을 만들어줍니다. 퍼즈는 말하지 않음으로써 말하고, 멈춤으로써 더 나아가게 하는 조용한 설득의 기술이에요.

나중에 알게 된 사실이지만 스터디 카페 선생님들은 일부러 뜸을 들이신 게 아니었습니다. 전화 통화를 하며 중요한 내용을 메모하느라 빠르게 응답하지 못했을 뿐이었어요. 그런데 저는 그 2초를 의도적 공백으로 착각했던 겁니다. 대화 사이의 짧은 멈춤이 상황에 따라 이처럼 다르게 느껴질 수 있다는 걸 그때 새삼 깨달았습니다.

듣는 사람의 심리 상태, 그날의 컨디션, 관계의 온도에 따라 같은 퍼즈도 의미가 달라질 수 있겠더라고요. 선생님들은 전혀 의도하지 않으셨지만, 전화한 저를 아주 절묘하게 긴장시키는 '전략적 퍼즈'를 자연스럽게 활용하신 셈이 된 거지요.

사실 퍼즈는 잘 사용하면 아주 좋은 효과를 거둘 수 있습니다. 한 템포 호흡을 조절함으로써 상대방이 내 애기에 집중하게 만들고 약간의 긴장감을 줄 수 있습니다. 나아가 말의 진정성이나 신뢰도를 높이는 데도 도움이 되죠. 또 감정이 격해지거나 흥분했을 때는 마음을 다스리고 진정시키는 효과도 있습니다. 잠깐의 멈춤은 말보다 더 많은 의미를 전달합니다. 때로는 무언의 압박으로, 혹은 진심의 여운으로요. 퍼즈를 어떻게 활용하느냐에 따라 대화의 분위기가 달라지고 관계의 흐름마저 달라집니다.

한번은 이런 일이 있었습니다. 비가 오는 날 아들과 아들 친구를 데려다주던 길이었습니다.

"우현아, 너 어쩜 이렇게 멋있게 키가 컸니?"

키가 훌쩍 자란 아들 친구에게 이런 칭찬을 건넸습니다. 그런데 제 말이 끝나기도 전에 뒷말을 바로 받아서 대답하더군요.

"어머님도 여전히 예쁘세요."

칭찬을 받으니 쑥스럽고 민망해서 그랬다는 걸 저도 압니다. 그럼에도 기계적인 반응에 아주 조금 서운하더군요. 그래서 "너무 영혼 없이 멘트하는 거 아니니?"라며 반농담으로 대꾸하고 웃어넘겼습니다.

　아마 그날 우현이가 조금만 뜸을 들인 후 그 말을 했더라면, 훨씬 더 진심처럼 들렸을 겁니다. 마음속을 한번 훑고 나온 말이라고 느껴졌을 테니까요. 그러니 진심을 전달할 때는 한 템포 뜸을 들이는 게 좋습니다.

　말과 말 사이의 여백이 진심을 얼마나 강하게 전달하는지 보여주는 영화가 있습니다. 스파이크 존즈 감독의 〈그녀Her〉라는 작품입니다. 주인공 테오도르는 AI 운영체제인 사만다와 매일 대화를 나누며 점점 그녀에게 마음을 열게 됩니다. 흥미로운 건 사만다가 점점 더 '사람처럼' 소통할수록 테오도르와의 대화 사이에 정적이 길어진다는 점이에요. 어떤 말은 곧바로 튀어나오지 않고, 머뭇거림과 망설임이 느껴집니다. 테오도르는 그 멈춤 속에서 사만다의 진심을 느낍니다. 속사포처럼 말을 주고받을 때는 느낄 수 없는 감정들이 테오도르 안에 쌓여버린 것이죠.

　이처럼 퍼즈는 말의 속도와 감정의 깊이를 조율하는, 작지만 놀라운 장치입니다. 말과 말 사이의 멈춤은 단순한 공백이 아니라 생각이 지나가는 통로이며 감정이 스며드는 틈이 되기도 합니다. 때로는 그 짧은 정적이 말보다 더 많은 것을 말해주기도 합니다. '이건 매우 신중하게 하는 말입니다', '잠깐 생각해볼 시간이 필요해요', '내 감정은 진심이에요' 하는 무언의 메시지로 다가오지요.

스타티오에서 배우는
일상의 리셋을 위한 일시 정지

기독교 전통 중에는 '스타티오 statio'라는 개념이 있습니다. 어떤 일을 마치고 다음 일을 시작하기 전, 잠시 멈추어 서는 시간을 뜻하지요. 일과 일 사이, 순간과 순간 사이에 자신을 세우는 이 '머무름'은 단순한 쉼이 아니라 다음으로 나아가기 위한 의식적인 전환입니다.

'statio'는 라틴어에 언어적 기원이 있으며 '서 있음', '멈춤', '지정된 위치'를 의미합니다. 고대 로마에서는 군대의 주둔지나 통행 감시 지점 등 목적을 가진 머무름의 공간을 가리키는 말로 쓰였고, 중세 기독교 전통에서는 정해진 시간과 장소에서 드리는 기도를 뜻하는 말로 확장되었습니다.

하지만 스타티오는 단순히 장소나 시간의 멈춤만을 의미하지는 않습니다. 그 안에는 삶의 흐름을 잠시 멈추고 자신을 들여다보는 태도가 담겨 있어요. 짧은 멈춤 속에서 마음을 다잡고 흐트러진 나를 다시 정리하는 내면의 리셋 버튼이 되는 것이죠. 말의 호흡을 잠깐 멈추는 것이 퍼즈라면, 스타티오는 일상의 행위를 잠깐 멈추는 것입니다. 저는 이 스타티오의 태도를 일상에서도 실천하려고 노력합니다.

하루에 미팅이 여러 번 이어지는 날이면 저는 중간에 꼭 화장실에 가서 손을 씻습니다. 짧은 시간일지라도 손 씻는 순간이 저에게는 '리셋'의 시간입니다. '방금 전 일은 여기까지, 이제 다음 일로 넘어가자.' 이렇게 스스로에게 말하며 다시 시작할 준비를 하는 거예요.

물에 손을 적시고, 거울을 한번 보고, 잠시 찬 공기를 쐬는 것만으로도 마음가짐과 집중력이 달라집니다. 누군가는 커피 한 잔으로, 또 누군가는 창문을 열고 잠깐 환기하는 것으로 자기만의 스타티오를 실천할 수 있을 겁니다.

이외에 일이 잘 안 풀리거나 지쳤을 때도 일시 정지 버튼을 누르고 잠깐 멈추는 게 도움이 됩니다. 구글의 리더십 코치인 레이첼 오마라는 바쁜 일상 속에서도 '의식적으로 멈추는 시간'이 삶의 방향을 바꾸는 강력한 힘이 된다고 말합니다. 그녀는 《퍼즈 PAUSE》를 통해 퍼즈는 단순한 쉼이 아니라 더 나은 선택과 집중을 가능하게 하는 '의식적 리셋'의 순간이 된다고 강조합니다.

말에도 일상에도 쉼표와 여백이 필요합니다. 말과 말 사이 잠깐의 멈춤, 바쁘게 흘러가는 하루 속의 짧은 여백들. 그런 쉼표와 일시 정지 버튼은 마음을 정돈하고 생각을 다시 세우도록 합니다. 생각 없이 흘러나온 말보다 마음을 한번 거쳐 나온 말이 훨씬 깊이 있고 설득력 있게 들리듯 일상도 잠깐씩 멈춤으로써 더 집중력 있게 나아갈 수 있습니다.

말에도, 삶에도, 마음에도 가끔 쉼표 찍는 걸 잊지 마세요.

> 말을 더 잘하고 싶을 때도,
> 상대를 더 잘 이해하고 싶을 때도,
> 내 감정을 조절하고 싶을 때도,
> 퍼즈는 우리에게 아주 중요한 여백을 만들어줍니다.

똑똑하게 TALK TALK 하기 ②

퍼즈의 효과

1. 말의 무게를 더해준다
대답을 너무 빨리할 경우 경솔해 보일 수 있다. 말하기 전, 잠깐 멈춤으로써 '이 말은 생각을 거쳐 나온 말'이라는 신호를 준다.

2. 진심을 더 진심답게 만든다
"고마워요", "미안해요" 같은 말도 조금 여백을 두고 전하면 그 마음을 조금은 더 잘 전달할 수 있다.

3. 상대의 주의를 집중시킨다
속사포처럼 쏟아내는 말, 리듬 없이 늘어지는 말은 사람을 끌어들이지 못한다. 말하는 도중 잠깐의 퍼즈가 들어가면, 그 정적이 '지금 중요한 이야기를 할 거야'라는 신호로 작용해 상대를 집중시키는 효과가 있다.

4. 신중하고 믿음직한 인상을 준다

질문을 받았을 때 바로 대답하지 않고 잠시 생각한 후 말하는 사람은 '말을 아끼는 사람', '믿을 수 있는 사람'이라는 인상을 준다. 반면, 너무 시간을 끌면 답답하다는 인상을 줄 수도 있다.

5. 감정을 조절하고 갈등을 줄여준다

감정이 격해지거나 흥분했을 때는 잠깐 숨을 고르는 시간을 가져야 한다. 퍼즈는 감정을 다스리고 섣부른 말을 하지 않게 도와주는 브레이크다.

말하지 않으면 알 수 없고, 말한다고 다 전해지는 것도 아니다

저와는 전혀 상관없을 것만 같은 일이 일어났습니다. 명예퇴직을 하게 된 것이죠. 남의 일이라고만 생각했는데, 순식간에 모든 일이 벌어졌습니다. 명예퇴직 공고가 나고 지방 발령 이야기가 나왔습니다.

대개 아나운서로 입사하면 지방 근무를 1년 하게 됩니다. 저는 처음부터 주요 뉴스를 맡아온 덕분에 지방으로 발령 나지 않고 30년간 계속 서울에서 일해왔어요. 30년이면 나무가 숲을 이룰 수 있는 시간이니 결코 짧지 않긴 합니다. 어쨌든 제가 가지 않겠다며 회피한 것도 아니고, 회사의 필요에 따라 서울에서 방송을 한 것뿐입니다. 그런데 이번에는 제가 지방 발령 1순위가 된 겁니다.

앞서 많은 선배가 지방 근무 발령을 받고 퇴사했습니다. 제 앞에는 지방 발령뿐 아니라, 11월에 수신료 징수 센터로의 발령이라는 또 다른 산도 남아 있었습니다. 하나라면 몰라도 두 개의 산을 넘을 자신이 없더군요. 아이들도 한창 손이 많이 가는 고1, 고3이라 두 집 살림을 하기에는 여러 가지로 상황이 좋지 않았습니다. 그냥 '여기까지가 끝인가 보다'라는 생각이 들었죠.

회사에서는 고맙게도 제 결심을 바꾸려는 노력을 해주었지만, 그냥 이 정도에서 마무리하고 싶었습니다. 기대수명이 늘어난 만큼 어떻게든 끝까지 안정적으로 일하고 싶은 게 제 소망이었습니다. 아직 6년 4개월의 시간이 남아 있지만, 그 시간을 채우기 위해 이런저런 이유를 대며 지방 발령 순서를 뒤로 미루고 싶지는 않았습니다. 그러면 결국 그 부담을 누군가에게 떠넘기는 상황이 되니까요.

명예퇴직을 하고
돌아온 날

가슴이 불에 덴 것처럼 아팠습니다. 연애를 한 지도 너무 오래되어 헤어짐이 이렇게 힘든 줄 까맣게 잊고 있었어요. 그런데 31년 만에 다시 실연의 아픔을 맛보게 될 줄이야. 명예퇴직 서류를 내고 퇴직이 이루어지기까지 회사는 그리 많은 시간을 주지 않았습니다. 매몰차다 싶을 정도였죠. 하지만 지나고 보니 그런 일들은 오히려 빨리 진행되는 게 맞다는 생각이 들더군요.

수많은 사람이 자의 반 타의 반으로 이런 일들을 겪었을 텐데, 그때는 그냥 무심하게 지나쳤습니다. 31년의 직장생활 동안 많은 선배의 명예퇴직과 정년퇴직을 지켜보면서도 별다른 감흥이 없었어요. 맞습니다. 제 일이 아니었으니까요. 다른 이가 중병에 걸려도 내 손톱 밑 가시가 더 아픈 게 사람 마음이잖아요. 그런데 정작 저의 일이 되고 보니 그분들이 그런 일을 겪으면서 어떻게 아무렇지도 않은 듯 살아갔는지 의문이 들었습니다.

정년퇴직은 좀 나을까요? '현업에서 물러나라'는 사회의 메시지가 그 나이의 모든 사람에게 공평하게 주어지니 조금 더 견딜 만할까요?

저의 선택이 잘못되지는 않은 걸까 돌아보고 또 돌아봤습니다. 앞으로 발을 내딛기도 어렵지만 뒤돌아가기에도 제 마음은 너무 멀리 떠나 있었습니다. 명예퇴직을 하겠다고 회사에 말하고 돌아온 날, 그만두는 것도 결코 쉬운 일이 아니라는 걸 깨달았습니다.

아나운서실 팀장에게 보고하고, 부장을 만나고 또 실장을 만나 명예퇴직 의사를 밝혔습니다. 저와 함께 일하고 있는 〈황정민의 뮤직쇼〉 피디와 작가들에게도 이러저러한 이유로 명예퇴직을 하게 되었다고 말했습니다. 라디오 팀의 부장과 국장, 라디오 센터장까지 만났지요. 같은 말을 반복하고 또 반복했습니다. 생각보다 얘기가 길어졌고 한꺼번에 많은 사람을 만나니기가 다 빨린 기분이었어요.

하루 종일 이별 인사를 하고 다니는 기분이란…. 마지막엔 목이 마르고 입이 써 정말 한마디도 하기 싫을 정도로 지쳐버렸습니다.

진이 다 빠진 채 집에 들어섰는데, 곧이어 남편도 들어오더군요. 남편이 오후에 저에게 "집에서 먹어?"라는 문자를 보냈을 때만 해도 저는 집에 돌아와 밥을 차릴 생각이었습니다. 그래서 "ㅇㅇ"이라고 답을 보냈었죠. 그런데 회사에서 시간이 지체되어 저녁 준비를 할 시간이 없었습니다.

"미안, 지금 내가 저녁을 차릴 힘이 없어."

그는 제가 여건이 안 되면 밖에서 알아서 먹고 들어오는 사람입니다. 하지만 집에서 먹냐는 질문에 제가 그러자고 대답을 했기에 그냥 들어왔던 거예요.

"미리 얘기했으면 밖에서 먹고 왔을 텐데…."

오늘은 바빠 점심도 제대로 먹지 못한 모양입니다. 저는 급하게 볶음밥을 만들었어요.

"난 볶음밥은 별로야."

결국 남편은 라면을 끓여 먹었습니다.

딱히 화를 내지는 않았습니다. 오늘 회사에서 있었던 일을 남편에게 미주알고주알 얘기할 에너지가 하나도 남아 있지 않았거든요.

나중에 〈동치미〉에 나가 이 얘기를 했더니 다들 무심한 남편을 향해 분노해주며 제 편을 들어주더군요. 하지만 지나고 보니 소통이 부족했던 탓이라는 생각이 듭니다. 마음속엔 서운함이 가득했지만, 정작 말을 꺼내지 않은 건 저였으니까요. 그날 제가 회사에서 어떤 일을 치르고 왔는지 자세히 얘기했다면 남편도 그렇게 행동하지는 않았을 겁니다. 가족이라도 얘기하지 않으면 당연히 알 수가 없잖아요.

그런데 뭔가 찜찜한 기분이 들더군요. 어떤 장면이 불현듯 떠올랐기 때문입니다. 남편이 대학병원을 그만둘 때의 제 모습이었어요. 남편은 대학병원을 그만두고 꽤 힘들어했는데 저 역시 그때 살갑게 대해주지 못했습니다. 오히려 맨날 집에서 제가 퇴근하기만을 기다리는 남편이 꽤 버거웠던 기억이 납니다. 그때는 남편의 마음을 이해하려 하지도 않았어요. 지금 생각해보니 남편도 분명 다독임과 위로가 필요했을 텐데 말입니다.

결국 사람은 자기 상황과 아픔에만 집중하는 존재인가 봅니다. 제 아픔을 이해받고 싶으면서도 다른 이의 아픔에는 무심했더라고요. 이해받고 싶은 마음과 이해해주지 못하는 현실, 그 사이의 간극을 이제야 깨닫습니다.

사랑하는 가족이라 해도
매번 짐을 함께 질 수는 없다

 동료들의 따뜻한 응원과 격려 속에 회사를 떠나고 저는 혼자 남았습니다. 자고 일어나도 아무 할 일이 없는 날들. 틀에 박힌 생활을 30년 동안 하다 보니 자유 시간에 뭘 해야 할지 모르겠더군요. 그저 자고 또 자기만 했습니다. 무슨 잠이 그리도 한없이 쏟아지던지요.

 지인들은 빨리 사람들을 만나 퇴사 사실을 알리고 새로운 일을 시작해야 한다고 조언했습니다. 하지만 누군가를 만나기에는 에너지가 부족했어요. 만남은커녕 전화를 거는 것조차 힘겹게 느껴졌죠. 이불을 걷어내는 게 관 뚜껑 여는 것처럼 무겁게 느껴질 정도로 아무 일도 할 수 없었습니다.

 남편뿐 아니라 아이들까지도 오랜 직장생활의 피로라며 위로해주었지만 그것은 피로와는 다른 것이었습니다. 저는 잉여 인간이 된 느낌을 지울 수가 없었어요. 더 이상 사회적 생산성을 만들어내지 못하는 저 자신에 대한 무력감에서 벗어나기가 힘들었습니다. 가족이 이해하려 노력해주었지만 그 깊은 공허함은 제가 홀로 감당해야 할 몫이었습니다.

퇴직하고 나서야 갑자기 선배들의 모습이 떠올랐습니다. '아, 그때 그분도 이런 마음이었겠구나.' 그런 상황을 겪지 않은 사람은 상상조차 하기 힘든 과정을 지나게 됩니다. 머리로는 이해할 수 있어도 가슴으로 공감하기는 어려우니까요.

아무리 가까운 사람이라도 마찬가지입니다. 버선목 뒤집듯 속을 보여줄 수도 없는 노릇이고, 말로 설명한다 해도 그 깊이까지는 전해지지 않지요. 정성을 들여 자신을 표현해야 소통이 가능하다는 걸 깨달았지만, 그조차도 완전하지는 않더군요. 결국 어느 정도의 외로움은 각자의 몫이라는 생각이 듭니다.

그동안은 사회적인 스킬을 발휘해 사람들과 끊임없이 커뮤니케이션을 해왔습니다. 그런데 그 네트워크에서 벗어나니 저는 아무것도 하지 않고 앓기만 하더군요. 저의 원래 기질은 동굴 속에 들어가서 응어리가 풀어질 때까지 나오지 않는 그런 사람이었나 봅니다. 마음속으로는 '내일은 일어나서 도서관에 가자. 가서 한 시간이라도 책을 읽고 글을 쓰자'고 다짐했지만 실제로는 눈 뜨기조차 힘들었어요.

퇴직한 선배들은 자고 싶을 때 자고 일어나고 싶을 때 일어나는 그런 자유로운 생활을 꿈꿔왔다며 만족해하더군요. 하지만 저에게는 그런 일상이 오히려 공허하기만 했습니다. 뭔가 해야 한다는 조급함은 있는데 정작 무엇을 해야 할지 모르겠더라고요. 그렇게 점점 더 무기력해져만 갔습니다.

한없는 무기력에 빠진 느낌, 저만의 것은 아니었을 겁니다. 경중의 차이는 있겠지만, 퇴직을 경험한 많은 분이 비슷한 마음의 상태를 겪었겠지요. 그러곤 각자의 방식으로 다시 일어섰을 겁니다. 누군가는 여행으로, 누군가는 운동으로, 또 어떤 이는 배움으로 그 공백을 채워갔겠지요.

저는 또 다른 일을 찾아 그 터널에서 벗어날 수 있었습니다. 긴 터널을 지나온 것만 같아요. 끝이 없을 듯이 느껴졌는데 컴컴한 터널은 끝나고 다시 햇살이 비치는 밖으로 나온 느낌입니다. 이런 경험을 하고 나니 생각이 달라졌어요. 어느 날 정말 모든 일에서 물러날 때가 온다면, 그때는 조금 다르게 조금 더 담담하게 받아들일 수 있을 것 같습니다. 되도록 오래 일하고 물러나는 시간은 좀 더 유예시키고 싶은 게 솔직한 제 마음이지만요.

명예퇴직이라는, 제 삶의 아주 큰 전환점을 겪고 나서야 더욱 선명해졌습니다. 아무리 사랑하는 가족이라 해도 매번 힘겨운 짐을 나눠 질 수는 없다는 것을. 때로는 내 인생의 무게를 오롯이 나 혼자서만 짊어지고 갈 수밖에 없다는 것을.

우리는 타인에게 온전히 이해받을 수 없습니다. 내가 타인을 온전히 이해할 수 없는 것처럼 말이죠. 저 역시 제 상황과 힘겨움은 알아주길 바라면서도, 정작 다른 이의 아픈 마음은 제대로 헤아리지 못했습니다. 하지만 불완전함 속에서도 우리는 서로에게 다가가려 합니다. 사랑과 이해가 무의미한 것이 아니기 때문이죠. 다만, 우리가 지닌 한계를 인정해야 합니다. 근원적인 외로움을 받아들이되, 그럼에도 서로를 아끼려 애쓰는 것. 어쩌면 그것이야말로 진짜 어른이 되어가는 길이 아닐까요.

나조차 몰랐던
나의 가능성

"홈쇼핑이라고요? 저한테 홈쇼핑 진행을 하라는 말씀이신가요?"

외근 중 우연히 〈황정민의 뮤직쇼〉의 마지막 인사를 통해 제 퇴사 소식을 접하셨다며, 홈쇼핑과 관련된 제안을 하고 싶다며 연락을 주신 어느 임원분이 있었습니다.

저로 말할 것 같으면 홈쇼핑에 대해서는 아는 게 전혀 없는 사람이었습니다. 집에 홈쇼핑 채널이 아예 나오지 않을뿐더러 홈쇼핑을 통해 무언가를 사본 적도 없었습니다. 연예인들이 마스크 팩을 팔아 대박이 났다는 이야기를 간간이 듣긴 했지만,

저와는 전혀 무관한 일이라 관심조차 없었죠.

하지만 연락을 주신 그 마음이 감사해서 한 번쯤은 만나봐야겠다는 생각이 들었습니다. 몇 번의 만남이 이어졌고, 제 고민은 점점 깊어졌죠. 현대홈쇼핑 쪽에서는 지금까지와는 다른, 새로운 이미지의 쇼 호스트를 발굴하고 싶었던 게 아닐까 짐작되었습니다. 물론 이건 당시 저 혼자 하던 추측입니다.

어쩌면 낯선 길에서
또 다른 나를 발견할지도 모를 일

그래도 홈쇼핑은 기본적으로 쇼핑을 좋아하는 사람이 해야 하는 일이 아닐까 싶어 망설여졌습니다. 손톱깎이 하나를 고를 때도 이것저것 사서 몇 개쯤 써본 뒤 결정하는 사람이 있습니다. 하지만 저는 그런 스타일이 아니에요. 하나를 사서 마음에 들면 이가 빠지지 않는 한 쭉 쓰는 스타일이죠.

그래서인지 홈쇼핑 제안은 제 삶과는 더더욱 멀게 느껴졌습니다. '과연 내가 잘할 수 있을까?'라는 의심은 쉬이 사라지지 않았습니다. 방송을 30년 넘게 했다 해도 홈쇼핑은 완전히 새로운 세계였으니까요. 하지만 한편으론 그 낯섦이 저를 자극했습니다. 그 길이 순탄치만은 않더라도 결국 새로운 길에 닿을 수 있다는 희망 때문이었죠.

익숙한 것에만 머물지 않고 나조차 몰랐던 나의 가능성을 시험해보는 일. 어쩌면 그것이야말로 나이를 더해가는 저의 또 다른 성장이 아닐까 싶었습니다.

"떠나지 않고 여행할 수 없다. 세상을 받아들이지 않고 세상을 이해할 수 없다. 그때 그 장소의 그 사람이 되어 서로 이웃이 되지 못하면 그 문화를 느끼지 못한다. 이 세상은 흰색과 검은색만으로 이루어져 있지 않다. 이곳은 가지가지의 색과 빛깔들이 어울려 있는 곳이다."

오래전 변화경영 전문가인 구본형의 《낯선 곳에서의 아침》을 읽고 밑줄을 쳐둔 문장입니다. 용기를 내어 나서지 않으면 다양한 빛으로 빛나는 세상을 만날 수 없듯, 제 안에 숨어 있던 저와도 마주할 수 없겠지요. 이 글을 다시 읽으며 저도 용기를 냈습니다. 익숙했던 내가 아닌 다른 내가 반갑게 손을 내밀어 줄지도 모르니까요.

모방으로 시작해서
나만의 스타일로 새롭게 만들기

"모차르트 이후, 새로운 음악은 없다."

수백 년이 흘렀지만 우리는 여전히 비슷한 화성의 변주를 듣고 익숙한 리듬에 감탄합니다. 완전히 새로운 것은 어쩌면 존재하지 않을지도 모릅니다. 들었던 것을 되새기고 익힌 것을 반복하면서 우리는 조금씩 다르게 나만의 방식으로 바꿔나갈 뿐이죠.

말도 그렇습니다. 누구나 말을 하지만 '자연스러움' 뒤에는 수많은 모방과 실수, 흉내와 수정의 과정이 숨어 있습니다. 아기는 엄마의 입 모양을 따라 하며 배우고, 학생은 선생님의 억양을 흉내 내며 익힙니다. 가족이나 연인처럼 좋아하는 사람, 가까운 사람의 말버릇을 닮아갑니다.

홈쇼핑을 시작하기로 마음을 먹고 나서부터 다른 사람들이 진행하는 방송을 꼼꼼히 챙겨 보기 시작했습니다. 예전에 라디오 디제이를 처음 맡았을 때도 이와 비슷했지요. 하루 종일 방송을 들었고, 그중 제가 좋아하는 스타일을 계속 따라 했습니다. 그렇게 자꾸 듣고 연습하다 보니 어느 순간 저만의 스타일이 자연스럽게 만들어지더군요.

 같은 향수를 뿌려도 고유의 체취와 어우러져 사람마다 각기 다른 향이 나듯 모방과 훈련, 실전 경험이 어우러져 비로소 '나만의 스타일'로 완성되는 거니까요.

 이번에도 그랬습니다. 방송을 하나하나 보며 배우는 시간을 가졌습니다. 어떤 진행자는 음식을 정말 맛있게 먹었습니다. 그 모습에 저도 모르게 주문 버튼을 누르고 있더군요. 또 어떤 이는 "이 좋은 걸 대체 왜 안 사세요?" 하며 호통을 쳤습니다. 그 기세에 눌려 안 사면 손해 보는 듯한 기분이 들기도 했습니다. 어떤 사람은 제품의 히스토리를 고급스럽게 풀어냈습니다. 듣고 있으면 그 설명에 설득당해 물건을 사는 것이 오히려 돈 버는 일처럼 느껴졌습니다.

 각기 다른 진행자들의 방송을 보며 배웠어요. 어떤 말투가 신뢰를 주는지, 어떤 표정이 시선을 끄는지, 감정의 높낮이에 따라 설득력이 어떻게 달라지는지. 눈으로 보고, 귀로 듣고, 몸으로 익혔습니다. 그리고 나만의 스타일을 조금씩 만들어갔습니다.

100번 읽으면
말도 공처럼 갖고 놀 수 있다

제품에 대한 전략 회의를 몇 달간 이어가며 직접 생산 과정을 제 눈으로 확인했습니다. 옆에서 툭 치면 히스토리가 줄줄 나올 정도로 몇 번이고 연습에 연습을 거듭했습니다. 같은 팀 스태프들은 제가 잘할 거라 믿었고, 협력업체 사람들은 기대 어린 눈으로 저만 바라보고 있었기에 반드시 잘해내야만 했습니다.

사회 초년생의 마음으로 도전했지만, 저는 초년생이 아니잖아요. 그랬기에 실수에 대한 두려움은 더 컸습니다. 아무리 처음이라지만, 아나운서 생활을 30년이나 한 제가 실수하면 안 된다는 강박이 목을 조여왔고 방송 전날에는 긴장으로 잠조차 이루기 어려웠습니다.

첫 방송에서는 무슨 말을 했는지도 모르겠습니다. 옆에 있는 쇼호스트에게 눈길 한번 주지 못할 만큼 얼어 있었으니까요. 마음속에서는 하늘을 날고 싶은 의욕이 가득한데 현실은 손가락 하나 까딱하지 못하는 형국이었죠. 다행히 차분하고 안정된 '황정민 스타일'이 잘 구현됐다는 평가를 받았습니다.

지금은 〈황정민쇼〉를 진행한 지 다섯 달째입니다. 조금은 편해졌지만 부담감은 여전합니다. 홈쇼핑도 언젠가는 라디오처럼 진심을 담아 즐기면서 할 수 있는 날이 오겠죠.

최근에 만난 한 선배가 '100번 읽기'에 대해 이야기해주었습니다. 같은 대본을 100번 읽으면, 손흥민 선수가 공을 다루듯 말도 자유자재로 갖고 놀 수 있다고요. 같은 문장을 100번 읽어본 적, 솔직히 없습니다. 방송 대본을 몇 번이고 반복해 읽긴 하지만 100번은 사실 지겹습니다. 하지만 그 지루함을 이겨내야만 비로소 문장이 내 몸에 녹아들고, 그 말이 곧 나 자신이 되는 것일 테죠.

선배의 이야기를 듣다 보니 이병헌 배우의 인터뷰가 떠올랐어요. 할리우드 영화에 처음 진출했을 때, 영어 대사를 연기해야 했던 그는 '누가 툭 치면 영어 대사가 저절로 나올 정도'로 철저히 외웠다고 합니다. 단순히 대사를 이해하는 수준이 아니라, 몸이 기억하는 수준까지 반복 연습했다는 거예요. 현장에서 보이스 트레이닝을 받을 수 있었던 시간은 고작 두 시간 남짓. 그 짧은 시간 동안 그는 혀의 위치부터 장음과 단음까지 빠짐없이 익혔다고 합니다.

NG를 내는 건 프로답지 않다는 생각에 아예 실수를 차단할 만큼 완벽하게 준비했다는 그의 고백이 오랫동안 마음에 남았습니다. 어쩌면 우리는 그러한 과정을 통해 비로소 자기 자신을 완성해가는지도 모릅니다.

제대로 표현하지 못한 진심

　저의 '힘든 기억 처리법'에는 꿀꺽 삼켜버리거나 토해버리는 두 가지 방법이 있습니다.
　그중 첫 번째 방법을 이야기하려 합니다. 힘들었던 기억을 의식적으로 검은 봉지에 꽁꽁 싸매서 뇌 속에 있는 서랍 한 칸을 열고 거기에 넣어버리는 것입니다. 일종의 '봉인 의식'이죠. 그 기억을 다시 꺼내지 않겠다는 다짐과 함께 조용히 서랍을 닫습니다. 안전하게 봉인된 기억은 저에게 더 이상 상처를 주지 않습니다. 무의식적으로 상처를 억누르는 게 힘들긴 하지만, 칼에 베이는 듯한 날카로운 통증은 더 이상 느껴지지 않습니다.

그러다가 어느 날 갑자기 어떤 충격에 의해 철커덕 그 서랍이 열리기도 합니다. 시간이 약인 걸까요. 아픔은 조금씩 무뎌지고, 이제는 그 기억을 천천히 들여다볼 수 있는 마음이 생깁니다.

방송 생활을 하며 많은 설화舌禍를 겪었습니다. 제 잘못인 경우도 있었고, 다른 사람의 실수였지만 마이크를 잡고 있던 제가 대신 짊어져야 했던 일도 있었습니다. 그럴 때마다 대중 앞에서 '말을 전하는 일'의 무게를 실감하곤 했지요. 그중에서도 오랫동안 제 마음 깊은 서랍 속에 넣어둔 이야기가 하나 있습니다.

2002년, 효순이와 미선이 두 여중생이 미군 장갑차에 치여 목숨을 잃는 안타까운 사고가 있었습니다. 당시는 월드컵 열기로 온 나라가 들떠 있던 때였고, 많은 이의 관심 밖에서 그 사건은 조용히 지나갈 뻔했습니다. 장갑차를 운전한 미군 병사들은 한국에서 충분한 조사나 사법 절차를 거치지 않은 채 그대로 본국으로 송환되었습니다.

처음에 그냥 묻혔던 이 사건은, 어린 여중생들의 처참한 사고 현장을 담은 사진이 퍼져나가면서 사람들의 울분을 불러일으켰습니다. 울분은 거리로 옮겨갔고 촛불 시위는 들불처럼 퍼져나갔습니다. 당시 상황의 억울함을 알리기 위해 대학생들이 서로의 몸을 쇠사슬로 엮고 시위에 나선 장면을 담은 리포트를 보도했습니다.

집회에 나가본 사람은 압니다. 공권력 앞에 대오는 얼마나 흐트러지기 쉬운지. 서로를 쇠사슬로 묶어 결연한 의지를 표현하는 그들을 보며 저는 언론인으로서 자신을 돌아보았습니다. 이 사건에 대해 얼마나 정확히 알리려고 노력했는가, 스튜디오 안에서 무얼 하고 있는가. 그 상황이 안타깝고, 아무것도 하지 않은 저 자신이 부끄러워 이어지는 앵커 멘트에서 저도 모르게 "부끄럽습니다."라는 말이 튀어나왔습니다.

마침 그날, 다른 채널에서는 정책 토론회가 진행된 바람에 뉴스 시청률은 다른 날보다 훨씬 높은 18퍼센트에 달했습니다. 그런데 이후 한 기자가 "황정민 앵커가 효순이 미선이 사건에 항의하는 대학생들의 행동이 부끄럽다고 말했다."는 내용의 기사를 썼습니다. 실제 제 멘트는 그와 정반대의 의미였지만, 맥락을 거세한 채 악의적으로 왜곡한 기사였습니다.

이 보도가 나간 뒤, 사실 확인 없이 그대로 옮겨 쓴 복제 기사들이 빠르게 확산되었습니다. 문장의 주어 하나가 바뀌었을 뿐인데, 제 의도는 완전히 반대로 받아들여졌습니다.

그 뉴스를 직접 지켜본 사람이라면 조금이라도 제 마음을 알았을까요. '대학생들의 적극적 행동에 비해 사실만 전달하고 있는 나 자신과 미군의 한국 내 법적 지위를 규정한 SOFA 협정이 지닌 현실이 부끄러웠다'는 내용의 사과문을 남겼으나, 고스란히 변명으로만 받아들여졌습니다.

뉴스 게시판은 저를 옹호하는 댓글과 저를 비난하는 댓글로 넘쳐났습니다. 당시 저는 모든 게 야속하게만 느껴졌습니다. '내가 말한 의도는 그게 아니었는데…. 직접 뉴스를 본 사람들은 내 마음을 알 텐데…. 왜 보지도 않은 사람들이 내 뜻을 왜곡해서 받아들이는 걸까.' 공항 검색대 위의 엑스레이 화면처럼 제 마음을 그대로 드러내 보이고 싶었습니다.

결국 저는 그 상황이 너무 괴로워 뉴스에서 물러났습니다. 사람들이 없는 곳으로 가고 싶었지요. 온 세상 사람들이 저를 비난하는 것 같아 아무도 만나고 싶지 않았습니다.

그 후로도 오랫동안 전 방송뿐만 아니라 개인적인 대화를 나누면서도, '내가 이런 마음으로 말을 했는데 상대방이 다르게 받아들여 또 오해가 생기면 어쩌지' 하는 걱정에 자꾸 조심스러워지고 위축되었습니다. 이야기를 하다가도 자기 검열이 심해져 꿀꺽 삼켜버리는 말들이 많아지고, 설명이 길어졌지요.

무슨 일이든 지나고 나면 교훈과 발전이 있어야 한다지만 때로는 잘잘못을 따지기 어려운 일, 돌아보기 힘든 기억들도 있습니다. 그날의 앵커 멘트에서 비롯된 그 일이 저에게는 큰 상처였기에 오랫동안 다시 떠올리기 힘든 기억이었어요. 돌이켜보니 당시 제 감정에 너무 빠져서 자세한 앞뒤 설명이 부족했다는 생각이 듭니다. 충분히 설명되지 않은 말은 이렇게 완전히 정반대로 받아들여지기도 합니다.

진심은 전해지게 마련이라는 말을 오래도록 믿어왔습니다. 하지만 제대로 표현하지 못한 진심은 제대로 전해지지 않는다는 걸 아주 아픈 일을 겪고서야 알게 되었지요.

가까운 사이라도 조금 더 자세하게, 나의 의도가 충분히 전달될 수 있게 얘기하는 습관을 들여야겠습니다. 하물며 거리가 있는 사이거나, 대중을 상대로 하는 말이라면 오해의 소지가 없도록 더더욱 세심하게 말해야 합니다.

오해받는 것은 속상한 일이지만 오해하게 만든 것 또한 저의 책임입니다. 어떤 말은 듣는 사람의 것이기도 한데 그땐 그걸 몰랐습니다. 저의 진심은 아직도 전해지지 않은 채 허공을 떠다니는 것 같습니다.

오해하게 해서 죄송합니다.

CHAPTER II

관계의 온도를 높이는 말

"말은 줄이고 소통은 늘리며
서로를 조금씩 알아갑니다"

다른 사람 입장에서 출발하기

유럽으로 배낭여행을 간 적이 있습니다. 스위스는 눈길이 머무는 곳마다 크리스마스 카드 속 풍경처럼 아름다웠습니다. 순백의 눈이 마을을 덮고 있었죠. 밤에는 별빛 아래 산등성이에 눈이 은빛으로 빛나고, 새벽녘이면 수정처럼 깨끗한 빛이 마을을 감싸더군요.

저는 스위스 융프라우 아래 자리한 작고 아늑한 산장에 묵었습니다. 산장 안은 전 세계에서 온 배낭여행객으로 북적였습니다. 각기 다른 언어가 뒤섞여 흘렀고, 낯선 여행지에서 마주하는 설렘이 가득했죠. 새로운 사람들을 만나는 즐거움에 더해 그들과 잠깐씩 함께하는 여행 또한 신선했습니다.

나를 모르고 남의 말만 따르다간 큰코다친다

며칠을 머무는 동안 산장에서 만난 이들과 친구가 되었고, 그들과 함께 알프스를 오르게 되었죠. 다들 스키를 탄다고 하더군요. 저는 그때까지 단 한 번도 스키를 타본 적이 없었습니다. 걱정하며 망설이는 저에게 친구들은 대수롭잖은 일인 듯 말했습니다.

"어렵지 않아. 그냥 슬슬 내려오면 돼."
"스키 별거 아냐. 타다 보면 금방 익숙해져."

그때는 무슨 자신감이었을까요. 그 친구들의 말만 덥석 믿고는 무모하게 리프트를 타고 정상까지 올라갔습니다. 올라간 이상 이제 스키를 타고 내려오는 방법밖에는 도리가 없었죠.

하얗게 펼쳐진 눈 비탈과 그 아래의 세상. 산꼭대기에서 내려다본 알프스는 숨 막히도록 아름다웠습니다. '하아, 정말 그림 같지만, 무섭구나….' 아찔함이 몰려왔지요. 한없이 뻗은 비탈길에 덜컥 겁이 났습니다. '여기서 도대체 어떻게 내려가지?' 마음이 잔뜩 움츠러들었어요. 그런데 친구들은 하나둘씩 가볍게 몸을 밀며 먼저 내려가기 시작했습니다. 그들은 마치 눈 위에 선이 그려진 것처럼 슥슥 리듬을 타며 정말 잘도 내려갔습니다.

'저렇게 쉽게 탈 수 있는 건가? 그럼 나도 한번…'

스키에 힘을 주고 미끄러져 나가는 순간 '아아아악' 하는 비명이 절로 나오더군요. 그곳은 알프스였습니다. 용평의 초보자 코스가 아니었어요.

스위스 융프라우의 가파른 정상에서 내려가는 길. 저는 엎어지고, 다시 일어서다 또 넘어지기를 반복했죠. 그러다가 결국 전속력으로 미끄러지며 레인지 안의 나무에 부딪히고 말았습니다. 갈비뼈가 부러진 것 같은 통증이 몰려왔고, 숨이 턱 막혔습니다.

쓰러진 저를 보고 지나가던 어느 스키어가 911인지 119인지를 불러주었어요. 그렇게 저는 삐뽀삐뽀 소리를 내는 응급 썰매를 타고 병원으로 실려 내려갔습니다.

나만의 경험과 기준을
다른 이에게 강요하지 않기

그때 저는 얼마나 무모한 아이였을까요. 내 실력은 나만 아는 것인데, 다른 사람의 말만 철석같이 믿고 정상까지 올라가다니요. 물론 그 친구들을 탓할 일은 아닙니다. 결국 판단하고 행동한 건 저였으니까요.

아무 일 없이 평탄하게 살면서 삶의 지혜와 깨달음을 얻을 수 있다면 좋으련만, 인생은 호락호락하지 않습니다. 꼭 이렇게 호되게 당하고 나서야 교훈을 얻게 되니까요. 바로 사람마다 기준도 다르고, 레벨도 다르다는 것. 내게는 아무렇지 않아 보이는 일이 누군가에겐 큰 용기가 필요한 도전일 수 있다는 것 말입니다. 그래서 조언할 때일수록 더 신중해야 한다는 걸 깨닫게 되었죠.

그 일을 회상하다 문득 이런 생각이 들었습니다. 스키가 쉽다며, 제 실력을 모른 채 말을 건넸던 그 친구들처럼 혹시 나 역시 우리 아이들에게 내 기준을 강요하고 있는 건 아닐까 하고요.

아이들이 어렸을 때 여러 가지를 경험해보게 하려는 욕심에

피아노 학원, 태권도 학원, 발레 학원 등 좋다는 것은 다 시켜 봤습니다. 공부를 위한 것도 아니고 그저 친구들과 어울리며 다니는 학원이었죠. 아이들이 지치고 힘들어하는 모습을 보면서도 왜 그러는지 잘 이해하지 못했습니다. 아이들 마음이 아니라 제 마음만 생각했거든요.

제 눈에는 그저 놀이의 연장이었을 뿐이지만, 아이들에게는 그것마저 일정표에 적힌 '할 일' 중 하나였을 겁니다. 아마 아이들은 일정에 얽매이지 않고 자유롭게 놀고 싶었겠지요. 제 입장만 생각하느라 멍하니 있는 시간, 심심한 시간도 아이들에게는 필요하다는 것을 그때는 미처 알지 못했습니다.

공부만 하면 되는데 왜 자신의 할 일을 하지 않느냐고 다그쳤던 것도 결국 제 입장에서만 바라봤기 때문입니다. 공부에 취미가 없는 아이들에게는 똑같은 일이 전혀 다르게 느껴질 수 있을 거예요. 성실히 하면 얼마든지 극복할 수 있다고 말하고 싶지만, 그 역시 제 기준에서 하는 이야기일 뿐입니다.

공감이 결여된 말은 마음에 닿지 못한 채 허공을 맴돌게 됩니다. 내 기준에서는 별일 아닌 것이 누군가에게는 세상 그 무엇보다 힘든 일일 수 있어요. 다른 사람의 마음을 내 마음처럼 이해하는 건 솔직히 쉬운 일이 아닙니다. 쉽지 않기 때문에 노력이 필요한 것이기도 하고요.

 말하기 전에 상대의 처지와 마음을 한 번 더 생각해볼 수 있다면 좋겠습니다. 결코 쉽지 않은 일이겠지만요.

말의 품격은
태도에서 나온다

연성화된 뉴스를 만들어보자는 취지 아래, 뉴스 형식으로는 최초로 기자와 피디가 힘을 합쳐 저녁 8시 〈뉴스투데이〉가 탄생했습니다. 보다 소프트한 뉴스를 시도하자는 의도에서 출발한 프로그램이었죠.

지금은 앵커의 한마디나 진행자의 주관적인 견해가 담긴 클로징 멘트가 익숙하지만, 당시만 해도 뉴스에서 개인의 의견을 드러내는 것은 매우 낯선 풍경이었습니다. 뉴스의 언어는 객관적이고 정제되어야 한다는 전통이 뿌리 깊게 자리 잡고 있던 시절이기 때문입니다.

품격을 갖춘
어른의 말과 태도

　새롭게 출범한 〈뉴스투데이〉의 앵커를 맡은 저는 기존과 다른 뉴스를 만들어보자는 흐름에 힘입어 모든 멘트를 직접 쓰는 걸 허락받았습니다. 덕분에 기존 뉴스에서는 다루기 어려웠던 다양한 세상의 이야기들이 8시 뉴스 안에 자연스레 등장할 수 있었습니다.

　오락실 DDR 열풍을 다룬 리포트에서는 제 경험을 담아 이렇게 말했어요. "저도 시간 나면 홍대 앞 오락실에 가서 버터플라이 음악에 맞춰 DDR을 하곤 하는데요." 황사 보도를 전할 때는 "요즘 황사가 심해서 괴로운 분들이 많은데요, 황씨인 제가 대표로 사과드립니다."라는 멘트를 덧붙이기도 했습니다.

　사람들은 점점 제 클로징 멘트를 기다리기 시작했습니다. 시청자들 또한 조금씩 '신선하다'는 반응을 보내오기 시작했고 팬덤도 생겼지요. "기존 뉴스는 다른 사람이 대체할 수 있지만 8시 〈뉴스투데이〉는 황정민만 할 수 있다."라며 김홍 부장님은 저를 전적으로 믿어주셨습니다.

　그 말 한마디에는 단순히 능력을 인정하는 것을 넘어, 한 사람을 진심으로 응원하는 어른의 마음이 담겨 있었습니다. 만약 그때 부장님이 멘트 하나하나에 매번 의견을 덧붙이셨다면, 그렇게 자유로운 말은 결코 허락되지 않았을 겁니다.

 클로징 멘트뿐 아니라 당시 저는 파격적이라는 말을 들을 만한 시도를 꽤 많이 했습니다. 민소매 원피스를 입고 뉴스를 진행한 적도 있었고, 머리를 노랗게 탈색한 채 방송에 나선 적도 있었어요. 지금도 그렇지만 당시에는 진행자의 외모와 복장에 대해 더욱 엄격하던 시절이었습니다. 그런 변화는 곧바로 주변의 시선과 평가로 이어졌고 그 목소리들이 부장님 귀에도 들어갔을 겁니다.
 하지만 부장님은 단 한 번도 그런 이야기를 제게 직접 전하지 않으셨습니다. 제가 저만의 스타일로 뉴스를 전할 수 있도록 조용히 지켜봐주셨죠. 그것은 결코 방임이나 방치가 아니었어요. 큰 바운더리 안에서 제가 마음껏 시도하고 움직일 수 있도록 따뜻한 시선으로 저를 감싸주신 것이었습니다. 말로 간섭하지 않고 조용히 지지해주는 방식, 거기서 저는 진짜 어른의 품격이 무엇인지를 느낄 수 있었습니다.
 외부의 입김에 움츠러들지 않도록 든든한 울타리가 되어주신 거예요. 저를 믿어주는 한 사람의 존재가 있다는 것, 그건 당시의 저에게 정말 큰 용기가 되었고 새로운 도전과 성장을 계속해나갈 수 있는 힘이 되었습니다.

사람을 살리는 리더의 한마디

〈뉴스투데이〉 팀은 마치 외인구단 같았습니다. 정직원과 프리랜서, 외주 스태프들이 경계를 허물고 한데 어우러져 일했지요. 모두가 하나의 목표를 향해 뛰었고, 직책이나 근속 연수보다는 열정과 책임감이 팀을 움직이는 원동력이었습니다.

피디와 기자 사이에 갈등이 생길 때도 부장님은 서로의 단점보다 장점을 먼저 보도록 이끌어주셨어요. 뉴스 제작에 있어서 가장 중요한 덕목 중 하나는 신속성입니다. 정확한 뉴스와 더불어 빠른 뉴스가 생명이지요. 시간 엄수! 대체로 기자들은 시간을 잘 지키는 훈련이 되어 있어 마감 시간을 생명으로 알았습니다. 반면 피디들은 시간에 대한 관념이 다소 부족한 편이었어요. 그보다는 아이템 하나하나를 작품으로 생각하고 끝까지 편집에 몰두하는 데 더 중심을 두었습니다.

생방송 시간에 맞춰 테이프를 들고 보도국 복도를 전력 질

주해야 하는 일이 생겨도 부장님은 질책보다는 이해와 격려로 감싸주셨습니다. 생방송 도중 다음 뉴스 화면이 도착하지 않아 앵커의 애드리브로 시간을 메워야 했던 진땀 나는 순간도 많았지만, 우리는 한 팀이라는 자부심으로 모든 긴박한 상황을 함께 웃으며 넘겼습니다.

명절이 다가오면 부장님은 프리랜서 작가들을 비롯한 스태프들을 위해 케이크나 작은 선물을 준비해주셨어요. 그것은 소박한 '보상'이 아니라 함께하는 사람들에 대한 따뜻한 존중이자 배려였지요. 덕분에 우리는 단순히 일하는 사이를 넘어 서로를 아끼는 하나의 공동체처럼 움직였습니다.

〈뉴스투데이〉를 이끄는 주역이라는 자부심, 우리 손으로 새로운 뉴스의 지평을 열고 있다는 신념이 있었기에 매일매일 준비하는 과정이 힘들어도 우리는 늘 신이 났습니다. 때로는 녹초가 되어도 그 신념이 우리를 다시 일으켜 세웠습니다. 김홍 부장님의 품격 있는 리더십 덕분이었지요.

어느 날, 부장님의 시골집에 놀러 간 적이 있었습니다. 그런데 설거지하시는 사모님의 등 뒤에서 조용히 어깨를 토닥이시더라고요. 그 모습이 포근하고 따사로운 느낌으로 기억에 남아 있어요. 그날 그 장면을 보며 마음에 떠올랐던 생각도요.

'아, 이분은 고마움을 그냥 넘기지 않는 분이구나. 누군가의 노고를 놓치지 않고 기억하는 분이구나.'

김홍 부장님은 제게도 그런 분이셨습니다. 언제나 제 목소리에 귀 기울여주시고 필요할 땐 조용히 방패막이가 되어주셨지요. 효순이·미선이 사건 이후 뉴스에서 하차하게 되었을 때도 마찬가지였어요. 쏟아지는 악플 속에서 저를 지탱해준 건 부장님이 건네주신 프린트 뭉치였습니다. 제 진심을 믿고 응원해준 사람들의 문자 메시지를 모아 프린트해주셨던 그 마음. 그 조용한 응원 하나가 그 시절의 저를 버티게 해준 유일한 힘이었어요.

뉴스에서 하차하던 날 저녁, 부장님 그리고 다른 선배 한 명과 함께 술잔을 앞에 두고 말없이 앉아 있었습니다. 혼자 있고 싶지는 않았지만, 북적이는 자리를 감당할 마음의 여유도 없었던 날이었죠. 부장님은 아무 말 없이 그저 제 옆에 조용히 앉아 계셨습니다. 말이 없었기에 오히려 더 깊은 위로가 되던 시간. 그분은 알고 계셨던 거죠. 어떤 슬픔은 말보다 마음으로 다가

가야 한다는 것을요.

"유리창도 닦는 놈이 깨는 거다. 유리창 안 닦는 놈은 깰 일도 없다. 그렇게 실수하면서 배우는 거다."

예전에 어떤 부장님이 해주셨던 말입니다. 실수를 나무라기보다 그 안의 도전과 노력을 읽어주는 말. 실수와 실패에 머물지 않고 그것을 동력 삼아 나아갈 수 있게 해주는 말. 그 한마디가 오래도록 마음에 남았습니다.

대부분의 상사는 실수 앞에서 거리를 두거나 책임을 전가하게 마련입니다. 하지만 좋은 리더는 실수를 성장의 과정으로 받아들이고 애쓴 흔적을 존중합니다. 그런 리더 아래에서는 두려움 없이 도전할 수 있고, 도전은 개인과 조직 모두의 성장을 이끌죠.

리더의 한마디가 사람을 살리고, 조직의 방향을 바꿀 수도 있습니다. 마음을 다독여주고 용기 내어 도전할 수 있게 곁을 지켜주는 리더의 말 한마디는 때로는 수백 마디의 지시보다 더 강한 힘을 발휘하니까요.

리더의 말과 태도는 이렇게 다릅니다. 그 안에는 아주 강한 영향력이 들어 있습니다.

똑똑하게 TALK TALK 하기 ③

상사들이 주의해야 할 말 습관

1. "그걸 왜 그렇게 했어?"

✖ 비난을 담은 말은 마음을 닫게 만든다.

수정 제안 → "그렇게 한 나름의 이유가 있을까?"

2. "내가 다 해본 거야."

✖ 경험 자랑은 후배의 의지와 열정을 꺾는다.

수정 제안 → "그때는 나도 어떻게 해야 할지 막막했지."

3. "그건 네가 몰라서 그래."

✖ 상대의 이해 부족을 비난하는 태도는 배움의 기회를 막는다.

수정 제안 → "이 부분이 조금 어려울 수 있어, 같이 살펴보자."

4. "요즘 친구들은 말야…."

✖ 세대 일반화는 신뢰를 무너뜨리고 갈등을 만든다.

수정 제안 → "나는 잘 모르겠더라. 요즘엔 어떻게들 하는 거야?"

5. "말 안 해도 알겠지?"

✖ 모호한 소통은 책임을 회피하는 태도로 보인다.

수정 제안 → "이 부분은 헷갈릴 수도 있었겠다. 내가 다시 설명할게."

6. "걱정돼서 그러는 거야."

✖ 과잉 개입은 신뢰가 아닌 통제로 느껴진다.

수정 제안 → "혹시 도움이 필요하면 언제든 말해줘."

7. "그건 원래 그래." "그건 원래 안 돼."

✖ 관성에 기댄 말은 창의적 사고를 가로막는다.

수정 제안 → "더 좋은 방식이 있으면 말해줘."

관계의 온도를
결정 짓는 첫마디

라디오를 진행하던 시절 많은 분이 공통으로 하는 질문이 있었습니다.

"황정민 씨가 라디오에서 하는 말 중 대본이 있는 부분은 어느 정도인가요?"

어떤 말이 준비된 멘트인지, 또 어떤 말이 즉흥적으로 나온 것인지 궁금하기 때문에 하는 질문일 테죠.

라디오 프로그램의 중요한 구성 요소 중 하나는 문자 사연입니다. 그에 대한 반응은 대부분 제 애드리브인 경우가 많습니다. 그래서 라디오는 명확한 콘셉트를 설정하거나, 의도적으로 '나'를 연출하기가 쉽지 않아요. 방송을 하다 보면 디제이의 평소 생각이나 감성이 부지불식간에 자연스럽게 드러나기 때문입니다.

  반면 대본이 필요한 순간도 있습니다. 그중 하나가 바로 오프닝입니다. 저는 라디오 대본 중에서도 오프닝을 가장 중요하게 생각합니다. 어떻게 시작하느냐에 따라 그날 방송의 흐름이 술술 잘 풀리기도 하고, 반대로 맥이 끊기듯 어색해질 때도 있기 때문이에요.

누군가의 마음을 열기 위해
설계된 치열한 문장들

  디제이의 감성을 최대한 살리기 위해 한때는 제가 직접 오프닝을 쓰던 시기도 있었습니다. 그때는 오프닝을 쓰기 위해 하루 종일 제 촉수를 100퍼센트 열어두었습니다. 병원에서 피를 뽑을 때도 이 얘기를 써볼까, 영화를 볼 때도 이걸 주제로 써볼까 했죠. 힘겨웠지만 아주 재미있는 경험이었습니다. 지금은 가급적 전문 작가에게 맡기고 있습니다.

무엇보다 작가들이 써주는 오프닝은 매번 신선하고 탁월했습니다. 표현의 밀도도, 시선의 깊이도 제가 썼을 때보다 훨씬 더 뛰어났습니다. 그럴 때마다 저는 감탄하곤 했지요. 일주일에 한 번, 아니 어쩌다 한 번 좋은 글이 나오는 건 가능할지 몰라도 매일 완성도 있는 오프닝을 써낸다는 건 대단한 일이니까요.

오프닝의 소재는 다양합니다. 청취자의 짧은 사연 속 한 문장에서 시작될 수도 있고, 인스타그램에서 우연히 마주친 사진 한 장이나 댓글에서 힌트를 얻기도 해요. 어느 날은 오래된 책 한 구절이 마음을 흔들고, 또 어느 날은 아침 산책길에 본 하늘빛이나 카페에서 들려온 낯선 사람들의 대화 한 토막이 오프닝의 실마리가 되기도 합니다.

신문 칼럼, 다큐멘터리, 인터뷰, 친구와의 대화, 심지어는 디제이나 작가 본인의 꿈 이야기까지, 무엇이든 소재가 될 수 있지요. 중요한 건 전방위적으로 귀와 마음을 활짝 열고 좋은 오프닝 소재를 포착하는 태도입니다.

20여 년간 디제이로 일하면서 네 명의 메인 작가와 함께했습니다. 그중 한 명은 책을 손에서 놓지 않았고, 또 한 명은 안 보는 예능 프로그램이 없었어요. 또 한 명은 남의 이야기를 관심 있게 잘 들어주고 잘 기억해주었습니다. 그리고 또 한 명은 누구보다 잘 놀 줄 아는 사람이었어요. 각자 살아가는 방식도, 관심사도 달랐지만 한 가지는 분명했습니다. 작가 모두 자신만의 방식으로 끊임없이 콘텐츠를 채우고 있었다는 것, 무엇보다도 오프닝의 소재를 찾는 데 필사적이었다는 점입니다.

좋은 오프닝을 쓴다는 건 단순히 '좋은 생각'만 있다고 되는 일은 아닙니다. 디제이의 성향과 말투, 평소의 관심사까지 모두 고려해야 하기 때문입니다. 심지어 성별에 따라서도 분위기가 달라지죠. 디제이가 여성인지 남성인지에 따라 조사나 어미 하나도 달라져야 합니다.

예를 들어 저는 '여러분'이라는 표현을 잘 쓰지 않습니다. 라디오는 여럿이 모여 듣기보다는 대부분 혼자 조용히 듣는 매체라고 생각하기 때문에 저는 '당신'이라는 단어를 더 즐겨 씁니다. 그래서 '당신의 모닝 파트너'라는 애칭을 만들기도 했지요. 또 '~합니다'보다는 '~해요'로 말하는 쪽이 더 편하죠. 이런 사소한 말버릇 하나까지도 작가들은 꼼꼼히 반영해줍니다. 디제이의 목소리와 말투가 자연스럽게 흘러나올 수 있도록 말의 결까지 함께 설계해주는 것이지요.

첫인상, 첫인사, 첫만남이 이후의 관계를 설정한다

라디오 오프닝의 톤이 그날 방송의 전체 분위기를 이끄는 것처럼 누군가를 만나는 첫 순간의 인사와 말투, 그리고 그 자리에 흐르는 공기 또한 관계의 방향을 결정짓습니다. 성의 있게 오프닝을 준비한 만남은 대체로 더 안정적이고 편안한 분위기로 이어집니다. 말을 건네거나 상대를 맞이할 때, 내가 조금만 마음을 써서 상황을 헤아리고 준비한다면 대화는 훨씬 더 자연스럽고 부드럽게 이어질 수 있습니다.

일상적인 만남에서도 상대의 근황이나 주요 이슈를 염두에 둔다면 그 자리의 결이 분명 달라집니다. 좋은 일이 있었다면 축하를 건넬 수 있고, 어려움이 있었다면 불쑥 언급하기보다 조심스럽게 방향을 틀어 대화를 시작할 수 있지요. 이런 사소한 배려가 어색함을 줄이고, 관계의 온도를 천천히 조율해줍니다.

특히 비즈니스 미팅에서는 오프닝의 힘이 더욱 크게 작용합니다. 처음 몇 마디만 나눠도 상대는 내가 얼마나 준비해왔는지를 단번에 알아차리고, 열심히 준비한 성의에 마음이 움직입니다. 때로는 그 마음이 업무나 계약을 긍정적인 방향으로 이끄는 결정적인 계기가 되기도 하지요. 그런 준비가 바로 '만남의 오프닝'입니다.

라디오 작가가 매일 아침을 여는 한 문장을 위해 전방위적으로 콘텐츠를 수집하고 단어 하나까지 신중하게 고르듯, 사람을 만나기 전 그 일과 사람에 대해 미리 공부하고 생각을 정리해 가는 것, 그것이 관계의 문을 여는 첫 문장이 된다고 생각합니다.

당신이 이제 막 책을 출간하게 된 작가라고 상상해보세요. 두 명의 편집자가 있습니다.

한 사람은 저에 대해 큰 관심이 없어 보입니다. 어떤 활동을 해왔는지도 잘 모른 채 "그간 잘 지내셨죠?" 같은 형식적인 인사로 대화를 시작합니다.

반면 다른 한 사람은 이렇게 말합니다. "최근 새로 시작하신 홈쇼핑 프로그램, 잘 보고 있습니다. 지난 방송에서 하신 이야기 듣고 저 한참 웃었어요." 세밀한 부분까지 기억하고 진심을 담아 말을 건넵니다.

당신이라면 어떤 편집자와 함께 책을 만들고 싶으신가요? 저는 망설일 이유가 없습니다. 당연히 저에 대해 미리 알아보고, 주요 활동과 콘텐츠를 충분히 이해한 사람과 일하고 싶습니다. 그런 준비의 태도는 단순한 정보 수집이 아니라 '당신에게 관심이 있으며, 당신을 존중합니다'라는 표현이기도 하니까요.

첫마디에 담긴 성의와 배려는 이후의 관계와 결과까지 바꿔 놓습니다. 상대의 근황을 미리 알고 있거나 주요 활동을 잘 파악하고 있는 것만으로도 분위기는 달라집니다. 그런 태도는 그 일을 얼마나 성실하게 대하고 있는지를 보여주는 가장 조용하면서도 분명한 방식이기도 하지요. 짧은 만남이든 오랫동안 이어진 파트너십이든, 첫 분위기가 잘 잡히면 그다음 이야기는 훨씬 수월하게 이어집니다.

마치 좋은 오프닝 하나가 두 시간의 라디오 흐름을 매끄럽게 이끌어주는 것처럼요. 그만큼 시작에는 생각보다 많은 것이 담겨 있습니다.

똑똑하게 TALK TALK 하기 ④

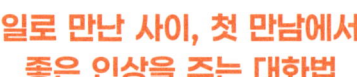
일로 만난 사이, 첫 만남에서
좋은 인상을 주는 대화법

1. 첫인사는 '밝은 미소'와 긍정적인 말투로

→ "와주셔서 정말 반가워요." "이렇게 만나 뵙게 되어 기쁩니다." 업무상 만남일수록 첫인사의 톤이 중요하다. 밝은 표정과 유쾌한 말투는 상대의 긴장을 풀어주고, 실무 대화도 부드럽게 풀리도록 만든다. 첫마디가 업무 관계의 결을 정한다.

2. 상대를 위한 '맞춤형 질문' 하나 준비해가기

→ "요즘 잘 지내세요?"보다 "최근 책 출간하고 많이 바쁘시죠?" 처럼 근황이나 주요 활동을 미리 살펴보고 건네는 질문 하나가 분위기를 바꾼다. 가벼운 정보 수집은 성의의 표현이자 프로다운 준비의 시작이다.

3. 단정한 복장과 태도, '준비된 사람'의 메시지

→ 일로 만난 사이일수록 말보다 비언어적 태도에서 더 많은 신

호가 읽힌다. 정갈한 인상과 흐트러지지 않는 자세는 '이 자리를 소중히 생각하고 충분히 준비해왔다'는 무언의 메시지다. 준비된 태도는 능력을 굳이 말하지 않아도 스스로를 증명해준다.

4. 경청은 가장 강력한 커뮤니케이션

→ 고개를 끄덕이고, 눈을 맞추며, 반응을 보여주는 태도. 이 세 가지가 갖춰지면 많이 말하지 않아도 '당신 이야기를 진심으로 듣고 있습니다'라는 메시지가 전해진다. 특히 업무 관계에서는 말을 많이 하기보다 정확히 듣고 공감하는 태도, 적재적소에 필요한 이야기를 하는 사람이 더 신뢰받는다.

5. 공통 관심사를 찾아 대화를 자연스럽게 이어가기

→ "최근에 넷플릭스 시리즈 중 ○○가 화제더라고요. 보셨나요?" "혹시 ○○ 좋아하세요?" 등 가볍게 꺼낸 관심사 하나가 어색한 공기를 풀어준다. 특히 처음 만난 업무 상대에게는 일 이야기 외의 가벼운 화제가 긴장을 풀어준다. 서로 겹치는 관심사를 찾는 순간, 관계는 훨씬 부드러워질 수 있다.

6. 경험과 전문성을 존중하는 질문 건네기

→ "이 일은 어떻게 시작하게 되셨어요?", "이 분야에 오래 계셔서 흐름을 잘 아시겠어요." 상대의 경력과 전문성에 주목한 질문은 단순한 호기심을 넘어선 존중의 표현이다. 실무형 대화라 해도 사람의 배경을 이해하려는 태도가 신뢰를 만든다. 단, 너무 깊이 파고들지는 말자.

7. 마무리 인사에 '다음'을 담기

→ "오늘 이야기 나눌 수 있어서 좋았습니다. 다음에 또 연락드릴게요." 짧지만 진심이 느껴지는 마지막 인사는 업무 관계를 신뢰 관계로 바꾸는 열쇠다. 첫 만남의 마무리는 다음 만남을 여는 오프닝이기도 하다. 끝이 자연스러워야 관계가 다시 시작된다.

경청의
기술

    아나운서로, 라디오 디제이로 방송계에서 일하다 보니 주변에 화술의 달인들이 많습니다. 선후배 동료 아나운서들, 방송인들, 그리고 각계각층의 게스트들까지 모두 저마다의 독특한 화법과 매력을 지니고 있습니다.

  다들 죽은 무대도 살릴 수 있는 필살기를 한두 가지 정도는 갖고 있지요. 딱히 제가 이야기를 준비하지 않아도 분위기가 무르익으면 듣기만 해도 '아, 오늘 참 잘 놀았다' 싶은 자리가 되곤 합니다.

태도에 모든 것이
담겨 있다

　그중에서도 금희 언니는 차분히 자신의 이야기로 사람을 끌어들이는 탁월한 말솜씨를 지녔습니다. 그런데 언니의 방송 영상 아래 이런 댓글이 달린 걸 본 적이 있습니다. "이분은 참 쉽게 돈 버네! '네, 그렇군요. 힘드셨겠어요.' '어머나, 세상에 그러셨어요.' 이런 추임새만 넣고도 출연료를 받아 가잖아."

　네, 맞습니다. 그 댓글을 쓰신 분이 정확하게 보신 겁니다. 아, 물론 '쉽게 돈을 번다'는 표현은 빼고요. 토크쇼의 주인공은 어디까지나 그 자리에 초대된 게스트입니다. 그러니 진행자는 게스트의 이야기를 경청하는 데 집중해야 하지요. 때로는 추임새 하나로도 대화가 자연스럽게 완결되기도 합니다. 토크쇼는 진행자의 말솜씨를 뽐내는 무대가 아니기 때문입니다. 게스트가 맘껏 자기 이야기를 풀어낼 수 있도록 마음을 다해 들어주는 것만으로도 진행자는 이미 자신의 역할을 충분히 해낸 셈입니다. 잘 들어주는 것, 그 자체가 가장 적극적인 대화의 기술이기도 하니까요.

　최고의 진행자는 남의 이야기를 잘 듣고, 그 안에서 새로운 이야기를 끌어내는 사람이라고 생각합니다. 사람들은 자신의 이야기에 귀 기울여주는 상대를 만나면 마음 깊은 곳의 이야기까지 꺼내고 싶어지거든요. 그런 면에서 금희 언니는 최고입니다.

어느 날은 "안녕하세요, 이금희입니다." "오늘 함께해주셔서 감사합니다." 딱 이 두 마디만 했는데도 방송이 성공적이었다는 이야기를 듣고, 참 신기하다는 생각을 했습니다. 말을 많이 하지 않으면서도 방송을 잘할 뿐 아니라, 말을 잘한다는 인상을 주는 비결은 무엇일까요? 금희 언니는 "Attitude is everything!" 즉, "태도에 모든 것이 있다."라고 말하더군요.

정말 그랬습니다. 금희 언니는 왠지 말을 잘 들어줄 것 같고, 무슨 말을 해도 내 편이 되어줄 것 같은 신뢰감을 줍니다. 분위기가 이미 형성되어 있는 것이죠. 물론 그냥 만들어진 것은 아닐 겁니다. 언니의 상냥한 말투, 따뜻한 미소, 그리고 상대를 배려하는 태도가 시청자에게 그런 인상을 남긴 것이겠지요. 기술적인 화법보다 더 강력한 것이 바로 이런 마음가짐입니다. 상대방을 진심으로 존중하고, 그들의 이야기를 소중히 여기는 태도 말입니다.

언젠가 언니와 햄버거집에 간 적이 있습니다. 맛있는 햄버거를 한입 베어 문 순간, 그곳에서 아르바이트하던 분이 다가와 사인을 부탁하더군요. 저는 "지금 식사 중이니 잠시 후에 해드릴게요."라고 말했습니다. 하지만 언니는 그 자리에서 바로 사인을 해주셨어요. "그분도 바쁜데 자리를 비우고 와서 부탁하는 거잖아."라고 말하더라고요.

그 말을 듣고 저는 얼굴이 화끈거렸습니다. '내가 너무 어리게 굴었구나' 싶으면서도, 한편으로는 솔직히 그분의 입장보다는 내 개인적인 시간을 방해받고 싶지 않다는 마음이 더 컸던 것 같습니다. 그러곤 깨달았죠. 금희 언니가 말한 '태도가 모든 것'이라는 게 바로 이런 사소한 순간에 드러나는 거구나, 하고 말입니다.

언니에게는 상대방을 먼저 생각하는 것이 자연스러운 습관으로 자리 잡고 있었던 거예요. 방송에서나 일상에서나 변하지 않는 일관된 태도, 그것이 사람들로 하여금 언니를 신뢰하게 만드는 힘이었습니다. 하지만 진행자라고 해서 모두 좋은 태도를 갖고 있거나 경청의 기술이 탁월한 건 아닙니다.

귀가 아닌 마음까지 동원해야
잘 들을 수 있다

연예인 부부가 MC인 토크쇼에 초대받은 적이 있었습니다. 대기실 분위기가 묘하게 차갑더군요. 둘 사이에 무슨 일이 있었는지, 그들은 게스트와 단 한마디도 나누지 않고 조용히 앉아 있었습니다. 그러다가 온에어가 되자마자 갑자기 환한 미소를 지으며 "안녕하세요, 황정민 아나운서. 오늘 출연해주셔서 감사합니다." 하고 처음으로 입을 뗐습니다.

어찌 보면 굉장히 프로답지 못한 태도였죠. 사실 좋은 진행자라면 방송 전 대기실에서 게스트가 어색해하지 않도록 먼저 말을 걸고 긴장을 풀어줘야 합니다. 그래야 실제 온에어에서 자연스럽고 재미있는 대화가 오갈 수 있거든요. 하지만 그들은 사적인 감정을 방송 현장에 끌고 왔고, 결국 게스트를 제대로 배려하지 못했던 것입니다.

많은 이가 방송은 카메라가 켜지는 순간부터라고 생각하지만 사실은 그 이전의 과정이 더 중요합니다. 게스트와의 첫 만남, 대기실에서의 자연스러운 대화, 그런 모든 순간이 쌓여서 진짜 방송이 만들어집니다. 진짜 경청은 카메라가 돌아가는 순간에만 시작되는 것이 아니기 때문이죠. 상대방의 마음을 헤아리고, 그 사람이 편안하게 자신의 이야기를 풀어낼 수 있도록 분위기를 만드는 것이야말로 진정한 경청의 시작이니까요.

그런 면에서 보면 좋은 경청자는 자신의 역할이 무엇인지 정확히 알고 있는 사람이 아닐까 합니다. 간혹 방송이나 다른 행사에서 주객이 전도된 장면을 보게 됩니다. 게스트를 초대해 놓고 진행자가 말을 더 많이 하거나 게스트의 말을 자꾸 끊는 경우죠. 이유는 다양할 겁니다. 진행 경험이 미숙해서일 수도 있고, 말하기를 좋아하는 성향 때문일 수도 있습니다. 혹은 본인이 주인공이 되고 싶은 마음이 앞서기 때문일 수도 있겠죠. 어쨌든 이런 태도 역시 경청하지 못하는 데서 비롯된 것은 아닐까 싶습니다.

이처럼 상대의 목소리를 들으려 하지 않고 자신만의 무대를 만들려고 할 때 소통은 단절되고, 역할의 경계는 흐려집니다. 방송 현장의 이야기를 예로 들었지만, 사실 이런 일은 우리 일상에서도 흔히 벌어집니다. 회사에서 회의할 때나 친구들과 모임을 가질 때도 자신의 역할과 위치를 망각하고 다른 사람의 영역을 침범하는 경우가 있거든요.

진정한 경청은 단순히 듣는 것이 아니라, 상대방의 자리와 역할을 인정하고 존중하는 것이라고 생각해요. 자기 목소리만 크게 내려는 사람은 결국 다른 사람들의 목소리를 묻어버리고, 그 과정에서 자신의 본분마저 잃게 됩니다.

이런 경험을 떠올리다 보니, 문득 박웅현 작가의 책 《여덟 단어》에 나오는 구절이 생각납니다.

"사실 잘 들어야 한다는 말은 밥을 먹으면 배부르다는 말이나 다름없다. 너무 상식적인 이야기이기 때문이다. 하지만 '제대로 듣는 일'은 생각처럼 쉽지 않다. 잘 듣기 위해서는 귀만이 아닌 마음까지 동원해야 한다. 말하는 사람의 입장에서 들을 수 있는 능력이 필요하다는 이야기다."

결국 경청은 단순히 귀로만 듣는 것이 아니라 마음으로 듣고 받아들이는 것입니다. 상대방의 말 속에 담긴 감정을 읽어내고 그들이 진짜 하고 싶은 이야기를 끌어내는 것. 때로는 침묵으로, 때로는 따뜻한 시선과 공감하는 마음으로 상대방의 마음을 열 수 있는 것. 그것이야말로 진정한 듣기의 예술입니다.

무엇보다 잘 들어야 잘 말할 수 있다는 걸 새삼 깨닫게 됩니다. 그런 면에서 보면 경청이야말로 가장 탁월한 대화의 기술이라는 생각이 듭니다.

잘 듣는다는 것에 대하여

모처럼 친구들과 만난 자리였습니다. 네 명이 모였고, 오랜만에 얼굴을 본 터라 다들 하고 싶은 말이 많아 보였어요. 그런데 자리에 앉자마자 A가 쉴 새 없이 이야기를 시작했습니다. 처음엔 다들 반가운 마음에 고개를 끄덕이고 나름 맞장구를 쳐주며 이야기를 들었죠. 하지만 시간이 지날수록 대화는 점점 일방적으로 흐르기 시작했습니다. A는 직장에서 있었던 일, 요즘 빠진 드라마, 남편 때문에 짜증 났던 일, 아이의 성적, 최근에 다녀온 여행까지 숨 돌릴 틈도 없이 말했어요.

중간중간 누군가 이야기를 꺼내보려 할 때마다 어김없이 다시 A의 이야기로 되돌아갔습니다. 우리 셋은 말수가 점점 줄어들었죠. 고개를 끄덕이긴 했지만 마음은 서서히 그 자리에서 멀어지고 있었습니다. 적극적으로 보이던 관심과 리액션도 어느새 없어졌습니다.

세 시간 가까이 이어진 식사 자리가 한 사람의 이야기로만 채워져버린 거예요. 그걸 대화라고 할 수 있으려나요. 오히려 원맨쇼에 가까웠죠. 나머지 사람들은 마지못해 고개를 끄덕이는, 기운 빠진 청중이었고 마음 깊은 얘기는 꺼낼 기회조차 얻지 못했습니다.

집에 돌아오는 길, 이상하게 마음이 공허했습니다. 혼자 대화를 주도한 친구만큼이나, 무심히 듣고만 있었던 제 태도도 마음에 걸렸거든요. 다음에도 그 모임에 나가야 할지 고민이 되기 시작했습니다.

진심으로
듣고 있다는 신호

왜 어떤 자리는 오래도록 다정한 기억으로 남고, 어떤 자리는 수다가 넘쳤는데도 공허함만 남을까요? 아마도 속 깊은 대화를 나누지 못한 채 겉도는 말들로 시간을 보내고 왔다는 아쉬움 때문이 아닐까 싶습니다. 말은 많았지만 진심으로 이야기를 들어주는 사람이 없었던 자리. 서로의 마음이 닿지 않았던 자리. 그래서였을 겁니다.

사람들은 말을 많이 하는 사람이 분위기를 이끌고, 모임을 리드한다고 생각하는 경향이 있습니다. 목소리가 크고 이야기를 주도하는 사람이 중심에 있다고 믿는 거죠. 하지만 대화의 흐름과 분위기를 바꾸는 건 '듣는 사람'입니다. 누군가의 이야기에 진심으로 반응해주고, 고개를 끄덕이며 귀 기울여줄 때 대화의 자리는 더 활력이 돌고 따뜻해집니다.

그래서 말을 잘하는 것 못지않게 중요한 건 '듣는 태도'입니다. 특히 적극적으로 들어주는 능력, 그러니까 '액티브 리스닝 active listening'이야말로 분위기를 바꾸고 사람을 이끄는 진짜 힘이죠.

단순히 '잘 듣는 것'과 액티브 리스닝은 조금 다릅니다. 액티브 리스닝은 단순한 경청을 넘어, 상대방이 '내 이야기를 잘 들어주고 있구나' 하고 느낄 수 있도록 표현하는 듣기입니다. 고개를 끄덕이거나 눈을 마주치고, 적절한 추임새나 질문으로 반응해주는 것. 때로는 "나도 그런 적 있어." 하며 공감의 마음을 살짝 보태는 것. 이런 작고 섬세한 반응들이 모여 '진심으로 듣고 있다'는 신호를 만들어줍니다.

 말하는 사람은 그 순간, 자신이 이해받고 있다고 느낍니다. 그리고 그 감정은 대화를 더 깊고 편안하게 이어가게 만들지요. 이처럼 대화의 분위기를 이끄는 건 말을 많이 하는 사람이 아니라 적극적으로 잘 들어주는 사람입니다. 그럼 진심만 있으면 적극적인 경청의 태도가 저절로 만들어질까요? 그렇지 않습니다. 진심은 시작일 뿐 마음을 어떻게 표현하고 전달하느냐는 또 다른 기술의 영역이니까요.

적극적인 액티브 리스닝은
사람에 대한 관심과 애정의 표현

 제가 아는 언니 중에 그런 사람이 있었습니다. 말이 유난히 많은 편도 아니었고, 분위기를 주도하는 스타일도 아니었어요. 그런데 이상하게도 그 언니가 모임에 빠지면 "언니가 가능한 날로 날짜를 다시 잡자."는 말이 나올 정도로 모두가 언니의 존재를 기다렸습니다.

왜 다들 언니를 좋아할까, 생각해봤죠. 이유가 있었어요. 그 언니는 사람을 유심히 바라보고 그 사람과 관련된 것을 기억하는 데에 탁월한 감각이 있는 사람이었습니다. 말로 분위기를 주도하진 않았지만, 잘 들어주고 적극적으로 관심을 표현하는 것으로 좋은 분위기를 만드는 힘이 있는 사람이었습니다.

어느 날, 언니가 제게 이런 말을 하더군요.
"너 그때 이런 말 했었잖아, 기억나?"
20년도 더 지난 시절, 제가 언니에게 했던 이야기를 세세하게 기억하고 있는 게 아니겠어요. 오히려 저는 잊고 있었던 이야기였는데, 그 언니는 제가 그 말을 할 때의 표정과 말투까지 기억하고 있었습니다. '어쩜, 스치듯 했던 말인데 그걸 세세히 다 기억하고 있었네.' 사실 조금 감동이었어요. 제가 하는 말을 의미 있는 것으로 만들어주고 저를 존중해주는 느낌이었답니다.

그 기억 하나만으로도 마음이 따뜻해졌습니다. 단지 그 순간을 기억해줬다는 것을 넘어서 제 마음과 감정까지 함께 느끼고 있었다는 뜻이니까요. 말보다 마음을 기억해주고 적극적으로 표현해주는 사람. 그 언니 덕분에 다른 사람의 이야기를 진심으로 듣고, 또 효과적으로 표현해주는 게 어떤 힘을 지니는지 새삼 알게 됐습니다.

그런 태도는 억지로 만들어내는 게 아닙니다. 사람에 대한 호기심과 관심, 애정이 있을 때 자연스럽게 따라오는 거죠. 우리는 보통 자신의 이야기를 하고 싶어 안달이 나 있고, 남의 이야기엔 시큰둥하잖아요. 그런데 누군가 내 이야기를 진심으로 들어주고, 내가 미처 몰랐던 나의 모습을 언급해주면 마음 깊은 곳에서부터 고마움이 자연스레 올라옵니다.

요즘처럼 자기 이야기만 하려는 사람이 넘쳐나는 시대에는 상대방의 말에 귀를 기울이고 공감하며, 적극적으로 반응해주는 사람이 더욱 빛납니다.

저 역시 처음 라디오 디제이를 맡았을 땐 뉴스를 하던 버릇이 남아 있어서 말이 짧고 단정적이었습니다. 팩트만 전달하려고 했지, 누군가의 마음에 머무는 말은 하지 못했습니다. 청취자의 감정에 공감하며 온기를 보태는 리액션도 서툴렀죠. 상대의 말에 적절하게 반응하고 흐름을 살피는 리스닝의 기술도 익숙하지 않았습니다. 지나고 보니 그때 부족했던 건 '말솜씨'가 아니라 '듣는 감각'이었다는 생각이 듭니다.

떠들썩했던 자리도 좋지만, 눈을 반짝이며 내 이야기를 들어주는 사람이 있었던 자리가 더 좋습니다. 말을 잘하는 사람보다 상대의 말을 진심으로 들어주고 있다는 걸 섬세하게 표현할 줄 아는 사람이 더 기억에 남습니다. 저도 그런 사람이 되는 연습을 해봐야겠습니다.

> 대화의 흐름과 분위기를 바꾸는 건 '듣는 사람'입니다.
> 누군가의 이야기에 진심으로 반응해주고,
> 고개를 끄덕이며 귀 기울여줄 때 대화의 자리는
> 더 활력이 돌고 따뜻해집니다.

똑똑하게 TALK TALK 하기 ⑤

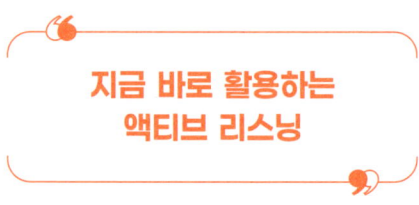

**지금 바로 활용하는
액티브 리스닝**

이 7가지는 거창한 말 기술이 아니라 '배려'라는 이름의 작고 조용한 실천 방법이다. 그런 배려들이 모일 때 우리는 잘 들어주는 사람이 되고, 또 누군가에게 '계속 말하고 싶은 사람'이 된다.

1. 고개를 끄덕여준다
말없이 고개를 살짝 끄덕이기만 해도 '나는 듣고 있어요'라는 메시지가 전해진다.

2. 눈을 마주친다
눈을 피하면 소통에 거리가 생긴다. 상대가 말할 때 눈을 보며 '당신의 이야기를 잘 듣고 있어요'라는 신호를 주자.

3. 말을 끊지 않는다
중간에 끼어들고 싶어도 상대의 말을 중간에 끊지 않는다. 말을 끝까지 듣는 건, 상대의 이야기와 감정을 온전히 받아들이겠다는 태도다.

4. 짧은 추임새를 아끼지 않는다
"그랬구나." "정말?" "맞아, 그럴 수 있어." 적절한 리액션과 추임새는 대화에 활력을 불어넣는다.

5. 질문으로 상대의 마음을 연다
"그때 마음은 어땠어?" "그런 상황에서 어떻게 했어?" 질문은 관심의 가장 직접적인 표현이다. 좋은 질문은 마음의 문을 연다.

6. '나도 그래'라는 공감의 타이밍을 살핀다
"나도 그런 적 있어."라는 말은 너무 일찍 꺼내지 않는다. 상대의 이야기가 충분히 흘러나온 다음에 덧붙여야 공감의 온기가 깊게 전해진다.

7. 휴대폰을 내려놓는다
휴대폰을 내려두는 순간, '나는 지금 당신과 이 시간에 집중하고 있어요'라는 마음이 전해진다.

이토록 따뜻하게
안아주는 말이라면

새로운 일을 시작하며 고민이 많을 때였습니다. 내가 이 일을 잘할 수 있을까, 괜히 시작했던 건 아닐까. 걱정이 마음 한가득일 때 먼저 퇴직한 선배를 찾아가 고민을 털어놓았습니다. 그러자 선배는 이렇게 말해주었어요.

"내 시간을 자유롭게 쓸 수 있는 게 너무 좋아. 그러니까 너도 혹시 일 없으면 어쩌지 하며 쫄지 말고 그냥 네 스타일대로 해. 지금 일을 할 수 있다면 그 상황도 좋은 거고, 만일 일이 없어지면 쉬는 상황도 좋은 거야. 미래에 대해 너무 불안해하지 마."

선배의 그 말 한마디에 복잡하던 마음이 한결 가벼워졌습니다.

복잡한 틈새에서도
모두를 포용하는 말하기

선배는 함께 뉴스를 진행했던 파트너였습니다. 늘 책을 곁에 두고 영화 보는 걸 즐겨하고 술을 좋아했던, 마음의 스펙트럼이 넓은 사람이었어요. 누구와도 잘 어울리고 어떤 이야기도 공감하며 들어주는 사람이었죠. 복잡한 설명을 하지 않아도 마음을 알아주는 그 따뜻함이 언제나 제게는 큰 위로가 되었습니다.

당시 저희 팀은 외주 인력까지 포함해 50명에 가까웠는데, 그렇게 많은 사람이 함께 일하다 보면 아무래도 갈등과 충돌이 생기게 마련입니다. 저 역시 솔직히 말해 마음이 불편했던 사람이 있었어요. 그런데 선배는 그런 복잡한 틈새에서도 누구 하나 놓치지 않고 모두에게 다가갔어요.

이 사람도 만나고 저 사람도 만나고, 선배에게는 경계가 없었습니다. "얘도 재밌고, 쟤도 재밌어." 그 말은 단순히 '좋은 게 좋은 거지' 하는 두루뭉술한 태도와는 조금 달랐습니다. 누구든 있는 그대로 봐주고, 각자의 다름을 인정해주는 마음이 느껴졌거든요. 그것은 단순한 친화력이 아니라 타인의 고유한 특성과 다름을 받아들이는 깊은 이해의 태도였습니다.

그런 마음이 바탕이 되었기에 선배의 말에는 늘 다정함이 배어 있었죠. 삐걱대는 사이도, 날카로운 분위기도 선배의 말 한마디로 부드럽게 풀릴 수 있었던 건 그래서일 겁니다.

무엇보다 저는 그 선배가 '잘 듣는 사람'이라는 사실이 참 고마웠습니다. 속상하고 힘든 일이 있을 때 선배에게 가서 주절주절 말하면 이상하게 마음이 풀리곤 했습니다. 대단히 특별한 해결책을 말해주지 않아도 선배가 고개를 끄덕이며 들어주는 그 자체로 힐링이 되었거든요. 그래서 문제가 생기고 마음 상하는 일을 겪을 때면 가장 먼저 찾고 싶은 사람이 늘 선배였지요.

방송국에 입사한 뒤로 친구들에게 제 이야기를 털어놓고 고민을 나눠보려 했습니다. 특히 회사에서 힘든 일이 있을 때면 친구들에게서 위로를 받고 싶었지요. 하지만 막상 이야기를 시작하면 생각처럼 되지 않았습니다. 공간과 맥락을 공유하지 않은 상태에서는 아무래도 설명이 길어질 수밖에 없으니까요.

방송국 특유의 생태계를 풀어내다 보면 감정보다 설명이 앞서게 되고, 위로를 받기도 전에 설명하다 지치곤 했습니다. 그럴 때마다 선배가 떠올랐죠. 같은 회사, 같은 부서에서 함께 일한 만큼 따로 설명하지 않아도 이미 공유된 공감대가 있었으니까요. 많은 말을 하지 않아도 되었기에 마음을 털어놓기에도 편안했습니다.

다름을 있는 그대로 인정하면 소통이 한결 쉬워진다

선배는 유난히 책을 많이 읽습니다. 단순히 독서를 즐기는 수준을 넘어 책과 함께 사유하는 시간이 삶의 일부처럼 녹아 있습니다. 그 내용을 삶의 감각으로 체화하는 태도는 선배만의 조용한 습관이기도 하지요. 그렇게 쌓인 내면의 축적은 결국 사람을 대하는 방식에서 고스란히 드러납니다.

책은 다양한 삶을 간접 경험하게 해주고 그만큼 사람에 대한 이해의 폭도 넓혀주잖아요. 누군가가 엉뚱한 말을 하거나 이상한 행동을 해도 선배는 굳이 그것을 바로잡거나 그 상황에 대해 단정 짓지 않습니다. 그냥 "그럴 수도 있지." 하고 웃으며 넘깁니다. 그것은 마음이 여유로운 사람만이 가질 수 있는 태도이고, 그 안엔 자연스러운 배려와 깊은 존중이 담겨 있습니다.

저는 그런 선배의 태도에서 '아량'이라는 단어를 떠올립니다. 자기 안의 기준이 지나치게 단단한 사람은 남의 다름을 견디지 못하거든요. 하지만 다름을 있는 그대로 받아들이고 품어낼 줄 아는 사람은 자기 기준을 고집하지 않습니다. 저는 그게 진짜 아량이라고 생각해요. 물론 이런 품성은 어느 정도 타고나는 것도 있을 겁니다. 하지만 끊임없이 자신을 비우고 돌아보는 훈련이 없다면 지금의 그 깊이에 이르긴 어려웠겠지요.

문제는 나이를 먹는다고 해서 아량이 저절로 생기지는 않는다는 겁니다. 오히려 반대일 때도 많잖아요. 저는 젊은 시절 민주화운동을 이끌었던 한 분을 통해 그 사실을 절감한 적이 있습니다. 그분은 누구보다 정의로웠고 정신적으로 깊은 울림을 주는 분이었어요. 그런데 나이 들고 어느 정도 사회적 위치에 오른 이후엔 신념이 이상한 아집으로 바뀌면서 권위적인 태도를 보이기 시작하더군요. 자기 생각만 옳다는 믿음이 고착되면, 누구보다 편협한 사람이 될 수도 있다는 걸 그때 알게 됐습니다.

그에 비해 선배는 언제나 유연하고 품이 넓은 사람이었습니다. 사람에 대한 선입견 없이 상황을 이성적으로 바라보았고, 현실적인 대안을 제시하면서도 늘 따뜻한 지지를 함께 건넸습니다. 제가 고민하거나 갈등에 빠져 있을 때도 처음부터 끝까지 일방적으로 제 편을 들어주었던 것은 아닙니다. 다만 제가 받아들일 수 있는 방식으로 해법을 제시해주는 사람이었지요.

내 얘기를 들어주는 한 명의 친구만 있어도 우린 살아갈 힘을 낸다

결혼을 고민하던 시기에 선배는 이런 조언을 해주었어요.

"정민아, 결혼이 고민된다면 돈 많고, 학벌 좋고, 집안 좋고, 직업 좋고… 그런 조건은 잠시 잊어봐. 그냥 너랑 그 사람이 함께 누워 있을 때 느낌을 한번 상상해봐. 마음이 편하고 좋다면 그걸로 된 거야. 그런 남자를 만나야 해."

또 아이를 낳기 전에는 이렇게 말해주었어요.

"너에게 제일 소중한 사람을 만나게 되겠지만, 그래도 너를 너무 희생하지는 마. 아이 키우면서 너를 잃어버리고 살지는 않았으면 좋겠다."

회사를 그만두고 무기력에 빠져 있을 때는 이렇게 위로해주었죠.

"할 만큼 했어. 이제 뒤도 돌아보지 마."

살다 보면 그런 날 있잖아요. 과거는 후회스럽고 현재는 불안하고 미래는 막막하게 느껴지는 날. 하루는 그런 마음으로 선배에게 하소연을 한 적이 있어요. 그날 선배가 들려준《비유경》이야기가 무척이나 마음에 남습니다.

"사나운 코끼리가 나그네를 향해 돌진하고, 나그네는 나무 뿌리를 붙잡고 우물 속으로 몸을 숨겨. 하지만 아래를 내려다보니 우물 밑바닥에는 독룡이 아가리를 벌린 채 도사리고 있고, 사방에는 네 마리의 독사가 혀를 날름거리지. 나무뿌리에 매달린 나그네는 힘이 빠져가는데, 위에선 흰 쥐와 검은 쥐가 교대로 나무뿌리를 갉아대고 있어. 죽음을 앞둔 절망과 체념의 순간, 머리 위에서 꿀 한 방울이 떨어져 고개를 들어보니 벌집에서 꿀이 뚝뚝 떨어지고 있는 거야. 나그네는 그 단맛에 젖어 괴로움도 죽음도 잊은 채 꿀만 기다리게 되지. 그게 인생이야.

나그네는 인간이고, 우물은 생사, 나무뿌리는 목숨, 흰 쥐와 검은 쥐는 낮과 밤, 독룡은 죽음, 꿀은 욕망이지."

혼자서는 너무 복잡했던 문제들이 선배와 대화를 나누다 보면 단순해지고, 그렇게 마음이 비워지곤 했지요. 그래서 선배를 만나고 돌아오는 길은 언제나 뿌듯했습니다. 마치 나를 잘 아는 선생님과 함께 해법을 찾고 나오는 기분이었어요.

저뿐 아니라 누구에게나 곁에 이런 사람이 한 명쯤은 필요하지 않을까요. 가족이든, 선후배든, 친구든, 이웃이든 간에 말이에요. 그래서 저도 누군가에게 그런 사람이 되어줄 수 있다면 좋겠다는 생각을 합니다. 말보다 마음이 앞서는 사람, 내 기준을 강요하지 않고 상대를 있는 그대로 봐주는 사람. 제가 닮고 싶은 선배의 모습입니다. 누군가에겐 그런 사람이 되는 것도 인생에서 꽤 의미 있는 일이지 않을까 싶어요.

어떤 말은
결코 사라지지 않는다

"지금 시각은 10시 42분입니다. KBS."

이것이 제가 아나운서가 되어 처음으로 한 방송 멘트입니다. 지금 보면 단순하고 짧은 멘트이지만 그때 느꼈던 설렘과 흥분은 지금도 생생히 떠오릅니다. 당시에는 프로그램과 프로그램 사이에 아나운서가 생방송으로 시각 고지를 했습니다. 아나운서에게 주어진 첫 무대였던 셈이지요.

저 멘트를 했던 날, 동기들까지 몰려와 구경했고 서로 박수를 치며 응원해주었지요. 제 목소리가 전파를 타고 나간다는 사실이 그저 자랑스러웠고, 비록 아무 의미 없는 멘트였을지라도 방송인으로서 처음 입을 뗐다는 사실이 제게 깊은 감동으로 남았습니다.

말은 시간과 공간을 거슬러
다리를 놓고 마음을 엮는다

신입 사원 시절, 새벽 4시에 방송되는 라디오 프로그램을 맡은 적이 있습니다. '이 시간에 누가 깨어 있을까, 누가 이 방송을 듣기는 할까' 하는 의문도 들었지만 '어디선가 한 사람쯤은 내 목소리를 듣고 있겠지' 싶어서 정성껏 방송을 준비했어요. 의사를 초대해 건강에 대해 이야기를 나누기도 했고 영화를 소개하는 코너도 있었습니다.

저 역시 몰랐던 상식들을 하나하나 알아가는 일이 즐거웠고, 무엇보다 '방송을 배운다'는 데 의미를 두었습니다. 모든 것이 낯설고 저는 한없이 서툴렀지만, 새벽 시간대를 통해 방송의 기본과 진심을 배워나갔습니다.

그러던 어느 날부터 택시 기사님들에게서 엽서와 편지가 오기 시작했어요. "새벽에 운행하면서 빼놓지 않고 듣고 있어요.

열심히 진행해줘서 고맙습니다." 그런 따뜻한 내용으로 채워진 글들이었지요. 처음엔 믿기지 않았습니다. '정말 누군가 듣고 있었구나.'

제가 생각했던 것보다 훨씬 더 깊게, 방송은 사람들의 삶 속에 스며들고 있었던 것입니다. 많은 사람이 듣는 프로그램은 아니었지만 그 시간에도 누군가에게 위로가 되고 길동무가 되는 목소리가 있을 수 있다는 사실이 너무도 소중하게 다가왔습니다.

그 경험 이후 저는 어떤 시간대든 어떤 프로그램이든 방송에는 늘 '듣는 사람'이 있다는 것을 잊지 않았어요. 단 한 사람을 위해서라도, 마이크 앞에 선 이상 진심을 다해야 한다는 마음가짐을 갖게 된 거죠.

그래서인지 요즘 홈쇼핑 방송을 하면 종종 이런 이야기를 듣습니다. "언니, 저 예전에 아이 태교할 때 언니 라디오 들었어요. 그런데 그 아이가 지금은 중학생이에요." 처음엔 얼떨떨했지만 곰곰이 생각해보니 그럴 만도 합니다. 19년을 넘게 아침 라디오를 진행하다 보니, 어느새 시간이라는 다리를 함께 건너온 사람들이 생긴 것이지요. 나는 그냥 내 일을 한 것뿐인데, 그저 정해진 시간에 라디오 방송을 성실히 했을 뿐인데 말입니다. 라디오를 그만두고 '시간이 흘렀으니 이제는 다들 잊었겠지' 싶었지만 그렇지 않았습니다.

그런데 생각해보니 그 오랜 시간이 곧 관계의 깊이가 되었던 것 같습니다. 덕분에 홈쇼핑에서 일을 하게 되었을 때 많은 분이 저를 친근하게 맞아주셨어요. "저 예전에 분당에서 여의도까지 출근할 때 매일 들었어요. ○○년부터 ○○년까지였죠." 이렇게 정확히 기억하고 있는 분들이 너무 많은 거예요.

그분들이 저에게 느끼는 친밀감이나 호감은 제가 생각했던 것 이상이었습니다. 함께한 시간이, 그 시간 속에서 이어진 말들이 이미 관계를 만들어놓고 있었기 때문입니다.

게다가 여러 연구에 따르면 아침에 들은 목소리에 대한 호감도가 높은 경우가 많다고 합니다. 더욱이 청취자들뿐만 아니라 저도 어제의 피로와 오늘의 부담감을 안고 아침을 시작한 대한민국 직장인 아닙니까? 다행스럽게도 제 목소리는 듣는 것만으로도 기분 좋아지는 무언가가 있다고 하니 감사할 따름이지요.

이런 경험들을 통해 알게 되었습니다. 방송 중 했던 말들이 마치 공기처럼 흘러 다니다가 어느 순간 어떤 사람의 마음에 가서 살짝 앉는다는 걸 말이에요. 우리가 함께한 시간, 그 시간 속에서 우리를 묵묵히 이어준 것은 결국 '말'이었습니다. 그 말들을 통해 나눈 생각과 마음, 소소한 위로와 웃음이 시간과 공간을 넘어 우리를 느슨하게 연결하고 있었던 것이죠.

말은 공기 중에 흩어지는 게 아니라 누군가의 마음에 흡수됩니다. 그리고 내가 기억하지 못한 한마디 말이 누군가에겐 하루를 견디게 하는 말이 되기도 하고, 평생을 살아가는 내면의 문장이 되기도 합니다.

깊이 각인된 한마디 말은
누군가의 태도가 되고 삶이 된다

요즘은 '취업에 도움이 되는가'가 학과 선택의 중요한 기준이 되어가는 듯합니다. 하지만 저는 인문학, 그중에서도 영문학을 공부하면서 얻은 것이 너무나 많았어요. 문학작품 한 편을 읽으며 단어 하나하나에 집중하고, 확정된 영상 이미지가 아닌 무궁무진한 상상을 펼쳐나가는 시간. 그 과정에서 저는 언어라는 매체를 깊이 있게 훈련할 수 있었고, 그 시작이 바로 그 시절 영문과 강의실이었다고 생각합니다.

그중에서도 제라드 맨리 홉킨스의 시 'Pied Beauty', 즉 '얼룩진 아름다움'은 제 마음에 깊이 남아 있습니다.

"얼룩덜룩한 것을 만드신 신을 찬양하라. 얼룩소처럼 두 가지 색으로 물든 하늘을 만드신. 헤엄치는 송어에 찍힌 장밋빛 점들…."

이 시는 세상 모든 것이 낯설고 변덕스럽게 느껴질 수 있지만 그 다름이야말로 세상의 독창성과 진귀함이라는 메시지를 품고 있어요. 무엇보다 기억에 남는 건 이 시를 가르쳐주신 교수님의 말씀이었습니다. 그분은 이 시를 열정적으로 가르치시며 "너희들 하나하나의 오리지널리티originality, 진귀한 독창성을 꼭 살려서 의미 있게 살아가야 한다."고 당부하셨죠.

그 말이 제게는 단순한 조언을 넘어 한 사람의 정체성과 삶의 태도를 격려해주는 말로 다가왔습니다. 시간이 많이 흘렀지만 그 한마디는 여전히 제 안에서 살아 움직입니다. 우리가 들은 말은 때로 기억 너머로 사라지는 것 같지만, 어떤 말은 마음속 어딘가에 자리 잡은 채 방향이 흔들릴 때마다 조용히 등을 떠밀어줍니다.

깊이 각인된 한마디 말이 얼마나 큰 힘을 갖는지를 보여주는 일화가 있어요. 잘 웃고 매사 긍정적인 제 친구가 들려준 이야기입니다. 그 친구는 초등학교 5학년 때 담임 선생님을 무척 좋아했다고 해요. 키가 작아서 늘 1열에 앉다 보니 자연스레 선생님 바로 앞에 앉아 수업을 받았죠. 수업 중이던 어느 날, 선생님이 이렇게 말씀하셨대요. "희진이는 항상 내가 수업하면 웃는 얼굴로 있네. 희진이 밝은 얼굴 덕분에 선생님도 힘이 나고 기분이 참 좋아."

희진이는 그 말을 평생 잊을 수 없었다고 했습니다. 좋아하는 선생님이 해준 이야기니 얼마나 마음에 깊이 박혔겠어요. 그날 이후로 제 친구 희진이는 '많이 웃어야지, 더 밝아져야지' 다짐하고는 외로워도 슬퍼도 캔디처럼 웃었다고 했습니다. 항상 밝은 에너지로 주변 사람 기분을 좋게 하는 친구였는데 이런 사연이 있었더라고요. 선생님의 짧은 한마디가 희진이의 태도를 만들고, 그 태도가 곧 그녀의 삶이 된 거죠.

제게도 비슷한 경험이 있습니다. 어느 날 회식 자리에서였어요. 한 피디가 저를 향해 이렇게 말했죠. "황정민 씨는 참 좋은 진행자야." 앞뒤 맥락은 아무리 떠올려도 생각나지 않지만,

딱 그 한마디만은 오래도록 마음에 남아 있습니다. 당시 저는 신입이었고 방송 안에서 조금씩 자리를 잡아보려 안간힘을 쓰던 시기였거든요.

그 말이 저한테는 큰 격려가 되었습니다. '그래, 더 열심히 해보자. 누군가는 내가 하고 있는 걸 보고 인정해주고 있구나.' 그렇게 생각하니 어깨가 조금 펴졌고 자신감도 조금 생겼어요. 말이라는 건 그런 힘이 있습니다. 짧은 문장이지만 누군가의 가능성을 북돋우고 그 사람을 더 '그 사람답게' 만들어주며 성장을 돕는 마법 같은 힘이요.

이런 경험들로 '말은 결코 사라지지 않는다'는 걸 알게 되었죠. 어떤 말은 시간만 거슬러 오는 게 아니라 공간도 넘어옵니다. 눈 한번 마주친 적 없는 사람들 사이에서도 말은 다리를 놓고, 마음을 엮고, 위로를 나누게 해줍니다. 말은 찰나에 머무는 것 같지만, 그 말이 닿은 마음 안에서는 오래도록 살아 숨 쉽니다.

둘이 만나는 걸
좋아합니다만

궁금합니다. 어떤 사람들과 어떤 자리에 있을 때 가장 편안하신가요? 아마 다양한 대답이 나오겠지요. 많은 사람이 모인 자리에서 활기를 얻는 이도 있고, 혼자만의 시간을 소중히 여기는 이도 있을 겁니다. 자신과 전혀 다른 분야에서 일하는 사람을 만나 자극받는 걸 좋아하는 이도 있을 테고, 익숙한 사람들과의 편한 관계를 선호하는 이도 있겠지요. 다양한 만남 중에서 저는 언제부터인가 '둘이 만나는 것'을 가장 좋아하게 되었습니다.

사실 어린 시절에는 달랐어요. 초등학생 시절엔 친구들과

삼총사를 만들어 놓았고, 한때는 여러 명이 '와' 하고 몰려다니는 것도 즐거웠거든요. 하지만 경험이 쌓이고 나이가 들면서 점점 달라지기 시작했습니다. 삼총사는 결국 깨졌고, 모든 관계가 지속될 수는 없다는 걸 알게 됐죠. 그 후로는 단짝 친구가 더 좋아지기 시작했습니다.

나이가 들면서 여러 사람이 모인 자리에서 느끼는 피로감도 커졌습니다. 그중에서도 가장 힘든 건 전체 회식 자리, 돌아가면서 한마디씩 하는 시간이었어요. 어쩜 그렇게들 말을 잘하는지 제 차례가 다가올수록 의례적인 말조차 바닥이 나고 말더군요. 무엇보다 그다지 좋지 않은 상황인데도 좋은 척, 즐거운 척 이야기해야 하는 게 참으로 고역스러웠습니다. 모두가 그런 건 아니겠지요. 하지만 저에겐 유독 힘든 시간이었습니다.

**단둘이 만나는
즐거움**

그런 제게 인간관계의 새로운 면을 보여준 인연이 있습니다. 한번은 여자 축구선수를 인터뷰한 적이 있었어요. 2003년 여자 월드컵에서 우리나라 역사상 첫 골을 넣은 김진희 선수.

당시 남자 월드컵 4강 진출에 가려 큰 조명을 받진 못했지만, 대단한 쾌거를 이룬 그녀를 〈황정민의 인터뷰〉라는 프로그램을 통해 만났습니다.

그녀는 병원에서 재활 치료 중이었는데, 운동선수를 직접 만난 건 그때가 처음이었어요. 머리는 금발로 물들였고, 햇볕에 까맣게 그을린 피부와 붉은 주근깨가 인상적인 선수였죠. 이후로 그녀는 1년에 딱 한 번, 휴가를 나올 때마다 제게 연락을 해왔습니다. 진희에게 연락이 오면 '아, 휴가를 나왔구나' 싶었고요. 그러곤 회사 앞에서 점심을 함께 먹곤 했죠.

그러다 어느 날, 두 살배기 제 아들과 진희가 처음 만나 단박에 친해지면서 우리는 더 급격히 가까워지기 시작했습니다. 당시 아들의 에너지는 말 그대로 슈퍼 파워였고, 운동선수인 진희의 텐션과 찰떡같이 잘 맞았습니다. 둘은 저보다도 더 빨리 친해져 지금까지도 소울메이트처럼 지내고 있습니다. 여전히 서로에게 든든한 존재로, 삶의 에너지를 나누고 있어요.

그 인연은 관계에 대해 다시 생각하게 만든 소중한 계기였지요. 그리곤 몇 가지를 알게 됐어요. 첫째, 전혀 다른 삶을 살아온 사람과도 마음을 나눌 수 있다는 것. 둘째, 서서히 스며들며 깊어지는 인연도 있다는 것. 셋째, 그런 인연은 둘만의 조용한 시간 속에서 자라난다는 것. 만일 그녀와 여럿이 만나는 모임에서 왁자하게 만났다면 우리는 이렇게까지 친해지지 못했을 거란 생각이 들어요.

단둘이 만나면 굳이 분위기를 맞추려 애쓰지 않아도 됩니다. 이야기의 홍수에 휩쓸려 지칠 일도 없지요. 무엇보다 서로의 말에 조용히 집중할 수 있다는 점이 가장 좋습니다. 하지만 이런 대화가 저절로 깊어지는 건 아닙니다. 진짜 마음을 나누기 위해선 상대를 향한 관심과 배려가 바탕에 깔려 있어야 하죠. 대화는 단순히 말을 주고받는 일이 아니라 마음을 건네는 일이니까요.

그래서 저에게는 작은 습관이 하나 있습니다. 사람을 만나기 전, 그 사람에 대해 곰곰이 떠올려보는 것이에요. '저번에 만났을 때 누군가를 사귄다고 했는데, 그다음은 어떻게 됐을까?' '가족 때문에 괴로워했는데, 그 문제는 잘 해결되었을까?' 이런 소소한 궁금증들이 마음속에 차오르다 보면 상대를 조금 더 신경 쓰고 배려하게 됩니다.

어떤 관계는 변해야 하고
어떤 만남은 흘러가야 한다

사람의 만남에는 다양한 형태가 있습니다. 단둘이 앉아 깊은 이야기를 나누는 조용한 만남, 웃음소리가 가득한 왁자지껄한 모임, 이해관계로 엮인 비즈니스 미팅, 그리고 오래 곁을 지켜준 인연부터 스치듯 지나가는 짧은 관계까지.

저는 오랫동안 그 모든 관계에 잘 어울려야 한다고 믿고 애써왔습니다. 내키지 않는 자리에서도 웃었고, 부정적인 이야기도 묵묵히 들어주며 '괜찮은 사람'으로 보이고 싶었던 적도 있었습니다. 하지만 시간이 지나 돌아보니, 그것이 저에게는 꽤 큰 스트레스였다는 걸 알게 되었어요.

지금은 조금 달라졌습니다. 마음이 무너질 것 같은 순간에는 스스로를 보호하기 위해 관계에도 적당한 거리를 두려고 노력합니다. 누군가를 밀어내는 것이 아니라, 서로를 존중하며 건강한 관계를 유지하는 방식으로요. 그러는 편이 오히려 관계를 오래 지켜주는 방법이 될 수도 있다는 걸 깨달았기 때문입니다.

그러곤 알게 되었죠. 관계에도 저마다의 온도와 방식이 있고, 그걸 스스로 선택할 수 있다는 걸요. 제가 둘이 만나는 걸 좋아하게 된 것도 그런 선택의 결과입니다. 방송에서는 수많은 사람을 만나고 말하지만, 제 일상에서는 한 사람과 나누는 깊은 대화를 더 소중히 여기게 되었습니다. 넓고 얕은 연못보다 작지만 깊은 우물이 더 맑고 시원한 물을 품고 있는 것 같다고나 할까요.

사람과 사람의 관계는 고정되어 있지 않습니다. 어떤 사람과는 평생 가는 우정을, 어떤 사람과는 스쳐 지나가는 인연을, 또 어떤 사람과는 가늘고 느슨하게 먼 거리를 유지합니다. 그 모든 관계는 저마다 다른 색깔과 의미를 지니고 있어요.

관계에도 계절이 있다는 생각이 듭니다. 가까워졌다 멀어지기도 하고, 조금 냉랭해졌다 다시 따뜻해지기도 하지요. 어쩌면 변하지 않는 관계야말로 더 어색한 일인지도 모릅니다. 사람도 변하고 상황도 변하는데 관계만 그대로일 수는 없으니까요. 이제는 그 모든 흐름을 자연스럽게 받아들이는 법을 배웠습니다. 사람 사이도 계절처럼 흘러가게 둘 필요가 있다는 것을. 그리고 억지로 붙들지 않아도 충분히 아름답고 의미 있을 수 있다는 걸요.

관계를 정리한다는 건 사람을 줄이는 것이 아니라 나를 채워주는 사람을 곁에 두는 일이기도 합니다. 그것이 제가 오랜 시간 관계를 통해 얻은 가장 소중한 지혜입니다.

부드러움은 강함을 이긴다, 말도 그렇다

저희 남편은 참 호인이에요. 밖에서는 누구에게도 큰소리 한번 내지 않고 웬만한 일엔 화도 잘 내지 않는 사람이죠. 그런데 신혼 초, 저희는 작은 일에도 자주 언성을 높였고 날카로운 말을 주고받곤 했습니다. 그러던 어느 날, 남편이 제게 이렇게 말하더군요.

"나를 이렇게까지 화나게 하는 건 너밖에 없어."

그 말이 처음엔 참 억울하게 들렸습니다. 내가 뭘 그렇게 잘못했나 싶었고 상처도 받았죠. 남편은 또 제가 소리를 지르기 시작하면 그때부터 귀를 닫아버린다는 말도 했습니다. 제 목소리가 높아지기 시작하면 그 이후엔 아무 말도 들리지 않는다는 겁니다. 그 말을 들었을 때는 기분이 몹시 나빴습니다. 아예 제 말을 무시한다는 의미로 들려서 서운함과 답답함이 한꺼번에 밀려왔지요.

그런데 시간이 지나고 나서야 깨달았습니다. 남편만 제게 그랬던 게 아니라는 것을요. 저 역시 남편이 귀를 닫을 만큼 날카롭고 모진 말을 하며 상처를 주었다는 것을요.

서로를 할퀴는 말하기는
가장 비효율적인 소통 방식

신혼 초엔 저희 두 사람, 정말 많이 다퉜습니다. 그때의 저는 늘 '내가 옳다'는 걸 증명하고 싶었고, 남편의 잘못을 하나하나 짚어가며 고치고 싶었어요. 마치 화살을 쏘듯 내 말로 상대를 꿰뚫어야만 내가 이긴다고 생각했던 겁니다. 하지만 그런 말들은 결국 상처만 남길 뿐이었습니다. 배를 함께 저어가야 할 사람을, 오히려 배 밖으로 밀어내는 셈이었던 거예요.

지금 생각하면 그 시절의 저는 남편을 설득하려 한 게 아니라, 감정으로 눌러 굴복시키려 했던 것 같아요. 결국 합심해서 같은 방향으로 배를 이끌어가려면, 먼저 그 사람의 마음에 닿아야 한다는 걸 알게 됐습니다. 먼저 기다릴 줄 알아야 했고 내 입장보다 그 사람의 입장을 먼저 떠올릴 수 있어야 했죠. 무엇보다 부드럽게 말할 수 있어야 했습니다.

감정이 넘칠 때 나오는 말은 상대에게 닿기도 전에 벽을 만듭니다. 그리고 그 벽은 상대의 자기방어적 태도를 더 부추길 뿐이죠. 그래서 저는 점점 말하는 방식을 바꾸기 시작했어요. 기분이 상했을 때 바로 감정을 쏟아내지 않고 시간을 조금 두는 거예요. 제 마음도 진정되고 남편도 받아들일 준비가 되었을 때 부드럽게 이야기를 꺼냅니다.

그렇게 하니 확실히 효과가 있었습니다. 날 선 감정이 잦아드니 '그래, 나도 그런 면이 있지' 하며 스스로를 돌아보는 일이 생기더라고요. 물론 자신의 잘못을 즉시 인정하는 건 누구에게나 쉬운 일이 아닙니다. 그래도 천천히 연습하다 보니 되더군요. 말의 태도와 방향을 바꾸고 나니 오히려 남편이 먼저 자신의 잘못을 인정하기도 했습니다. 가끔은 저를 민망하게 만들 정도로 진심 어린 사과를 건넸고요. 신혼 초엔 왜 그렇게 목소리를 높였을까요. 서로에게 아무런 득도 없는데 말이죠. 그 이후로는 저도 더 이상 소리를 지르지 않게 되었어요. 그 방식이 가장 비효율적이라는 걸 알게 되었기 때문입니다.

때론 말의 내용보다
말에 담긴 에너지가 먼저 다가온다

제가 아는 후배 중 한 명은 말을 유난히 날카롭게 합니다. 언제나 목소리에 날이 서 있어요. 톤이 높고 말투도 카랑카랑한 데다 속도까지 빨라서 대화를 하다 보면 내용은 잘 들어오지 않고 신경이 곤두섭니다. 가끔은 별말도 아닌데 "제가요? 언제요?" 하며 소금 바른 미꾸라지처럼 파르르 반응하는데, 그럴 때마다 급격히 피곤이 몰려오지요. 아마도 말투에 담긴 부정적 에너지 때문일 거예요.

같은 말도 어떤 태도, 톤, 뉘앙스로 하느냐에 따라 전혀 다르게 전달됩니다. 말투는 분위기를 만들고, 사람 사이의 거리를 결정하니까요. 아무리 좋은 내용이라도 날카로운 어조로 쏟아내면, 의미보다 공격적 태도를 먼저 감지합니다.

강아지도 말의 내용보다 톤에 더 민감하게 반응한다고들 하잖아요. "밥 줄게."라는 말도 부드럽게 할 때와 짜증 섞인 어조로 할 때 전혀 다르게 반응한다고 합니다. 따뜻하고 다정한 말투에는 꼬리를 흔들고, 차갑고 매서운 말투에는 눈치를 보며 꼬리를 내린 채 물러서기도 하죠. 사람도 마찬가지입니다. '말'의 내용보다 '말의 결이나 톤'에 먼저 반응한다는 걸 저도 뒤늦게야 알았어요.

감정의 여지를 남기지 않는 말투는 설득이 아니라 몰아세움이 됩니다. 그 말이 옳은지 아닌지는 중요하지 않아요. 마음이 먼저 피로해지니까요.

무엇보다 사람의 말에는 에너지가 있습니다. 날카로운 말은 사람을 베고, 부드러운 말은 마음을 감쌉니다. 그래서 말의 내용만큼이나 어떤 말투와 어조로 대화하고 있는지도 중요합니다. 아무리 옳은 말이라 해도 날이 선 말투로 쏟아내면 부정적 에너지가 먼저 전달되니까요. 그러니 말의 내용뿐 아니라 내 말에 어떤 에너지가 담겨 있는지도 돌아보면 좋겠습니다.

말의 형식은 부드럽게
말의 내용은 단단하게

항상 상대를 긴장시키고 피로하게 만드는 후배가 있는가

하면, 같은 말도 유난히 부드럽게 전하는 후배도 있습니다. 후자에 속하는 사람은 KBS에서 함께 일했던 어느 기자예요. 그는 제가 아는 사람 중에서 '부드러운 말하기'를 가장 잘하는 사람입니다. 말투도, 어조도, 심지어 말의 흐름까지도 거칠거나 날카로운 법이 없지요.

그런데 그가 뉴스나 탐사보도에서 다루는 주제는 결코 가볍거나 온화하지 않습니다. 사회의 가장 민감한 문제를 정면으로 다루고, 부당함을 드러내는 데도 주저함이 없지요. 그럼에도 그의 말투는 언제나 담백하고 차분합니다. 거센 바람이 아니라 잔잔한 물결처럼 마음에 와닿는다고나 할까요. 말은 단호하지만 목소리는 차분하고, 내용은 비판적이지만 태도는 늘 온화합니다. 저는 그 균형이 참 대단하다고 생각합니다.

과거 한 방송에서 그가 '사이렌 효과'라는 표현을 썼던 장면이 인상 깊었습니다.

"우리는 어떤 뉴스를 접하면 분노하고 공감하지만, 마치 소방차 사이렌처럼 시간이 지나면 희미해집니다. 그런데 이 사안은 사이렌처럼 스쳐 지나가선 안 됩니다."

그가 전한 메시지는 단단하고 명확했지만, 말투는 여전히 부드럽고 단정했습니다. 그 차분함 덕분에 말의 내용이 더 깊이 와닿았어요. 사실 이런 말은 톤을 높여 강하게 전하거나 감정적으로 격앙되면 심리적 저항을 부를 수 있습니다. 반면 낮은 음성과 공손한 태도로 침착하게 전달하면 듣는 이도 마음을 열게 되지요.

그가 취재한 기사 중에는 전직 대통령 관련 사건도 있었습니다. 대부분의 보도가 겉으로 드러난 사실에 그칠 때 그 후배는 "이 사건은 이렇게 시작되었습니다."라는 말로 이야기를 시작했죠. 그러면서 마치 천일야화처럼 구조와 맥락을 짚어갔습니다. 팩트를 지키되 이야기로 풀어내는 힘. 저는 그것이 단지 '말을 잘하는 사람'이 아니라, '말을 진심으로 다루는 사람'만이 가질 수 있는 능력이라고 생각합니다.

한번 생각해보세요. 화려하거나 유창한 말보다 차분하고 담담하게 전하는 말이 훨씬 더 오래 남지 않던가요. 세상을 향한 분노를 소리 높여 외치지 않더라도, 그 말이 옳고 단단하다면 사람들은 자연스레 귀를 기울이게 되니까요. 부드러움은 결코 약한 것이 아닙니다. 오히려 더 강한 메시지를 담기 위한 유연한 그릇 같은 것이지요.

한번은 그가 이런 말을 했습니다.

"오늘 제가 참 기분이 좋아요."

이유를 묻자 아이에게 '자랑스러운 아버지 상'을 받았다고 하더군요. 학교에서 아이들이 아버지를 떠올리며 직접 만든 임명장이었다고 해요. 그 말을 하며 그는 세상 다 가진 듯 행복하게 웃었습니다. 아이의 마음을 헤아려주며 시간을 충분히 함께 보낸 덕분이겠지요. 게다가 아이들에게는 또 얼마나 다정하고 온화하게 말하는 아버지였겠어요.

"오늘 제가 참 기분이 좋아요."라는 말 한마디에서 저는 그가 세상을 어떤 마음으로 바라보는 사람인지 느낄 수 있었습니다. 기자라는 직업은 때로 날을 세워야 할 때도 있지만, 그는 언제나 사람의 마음을 향해 서 있는 사람이었습니다.

부드러움은 강함을 이깁니다. 결국 사람의 옷을 벗기는 건 매서운 바람이 아니라 따뜻한 햇살이니까요.

폭죽처럼 꽃을 피우는 말,
총알처럼 박히는 말

"정민아, 내 안에 수영에 대한 숨은 재능이 있었지 뭐니. 시작한 지 1년도 안 됐는데 '수영 신동'이라는 말까지 들었어."

요즘 영실 언니는 수영을 배우고 있다고 하더군요. 늘 그렇듯 언니 목소리에는 생기가 넘쳤습니다. 벌써 음성 지원이 되는 것 같지 않나요?

사실 무언가를 새롭게 시작하는 데는 생각보다 큰 용기가 필요합니다. 매사 조심스러운 저 같은 사람에겐 특히 더 그렇습니다. 반면 영실 언니는 새로운 일에 도전하는 걸 즐기고 낯선 영역에 기꺼이 발을 들입니다. 아나운서 시절엔 언젠가 쓸

모가 있을지 모른다며 프랑스어 공부를 열심히 하던 언니 모습이 떠오르네요. 그뿐만이 아닙니다. 배우로 전향할 때는 극단에서 기초부터 다졌습니다. 도전하는 용기도 멋지지만 성실하게 꾸준히 해내는 뚝심도 있지요.

영실 언니의 긍정 에너지는 어떻게 탄생했을까?

영실 언니를 만나고 돌아오면, 한 편의 스탠딩 코미디를 본 것처럼 마음이 환해집니다. 함께 있다 보면 저까지 덩달아 에너지가 샘솟는 기분입니다. 말을 잘하는 사람은 많지만, 언니처럼 사석에서도 몇 분에 한 번씩 웃음을 터뜨리는 사람은 드물거든요. 언니는 어릴 때부터 친구들을 잘 웃기는 아이였답니다. 늘 오락부장을 맡았고, 선생님의 캐릭터를 족집게처럼 집어내는 흉내 내기의 달인이었다고 합니다.

언니는 어쩌다 그렇게 밝고 긍정적인 기운을 지닌 사람이 되었을까요? 늘 그게 궁금했는데, 알고 보니 그런 언니 뒤에는 언제나 따뜻하고 든든한 어머님이 계셨습니다. 시대를 잘 타고나셨다면 화려한 엔터테이너가 되셨을 분이지요. 언니가 친구들의 인기를 한 몸에 받았던 건 언니 못지않은 어머님의 현란한 입담 덕분이었다고 합니다.

옛날엔 집집이 대문을 열어놓고 지내던 시절이 있었어요. 어느 날, 시주를 받으러 온 스님이 어린 영실 언니를 가만히 보더니 "이 아이는 가만 놔둬도 잘될 상입니다. 장관 마누라 될 상이에요." 하며 어머님께 당부하고 가셨답니다. 어머님은 그 말을 평생 믿으셨는지, 언니가 늦게 들어와도 공부를 안 해도 뭐라 하지 않으셨답니다.

언니가 중학생 때 유독 예쁜 친구가 있었답니다. '그 친구는 예쁜데, 나는 못생겼다'는 말을 자주 했더니 엄마가 "그 애는 콧구멍이 세모더라." 하셨다는 겁니다. 언니는 말도 안 되는 이야기인 걸 알았지만 그 한마디에 기가 살았다고 하더군요.

또 이런 일도 있었대요. 가정 시간에 내준 뜨개질 숙제가 어려워 울고 있었더니 어머니께서 "너는 노래 잘하고 말 잘하니까 그거 잘하면 되지." 하며 칭찬을 아끼지 않으셨답니다.

그 이야기를 들려주며 언니는 이렇게 덧붙였습니다.

"가끔은 부모가 거짓말쟁이도 돼야 하는 거 같아. 내 자식이 최고라고 부추겨도 세상 나가면 다 알잖아. 누가 예쁜지, 누가 더 사랑받는지. 그러니까 팩트 폭격은 굳이 집에서까지 할 필요는 없는 거 아닐까?"

무척 공감되는 말이었어요. 냉철한 진실보다 내 편이 되어주는 말 한마디, 때로는 거짓말일지라도 격려와 칭찬이 사람을 더 자라게 만들기도 하니까요.

이처럼 열정과 긍정의 에너지는 하루아침에 만들어지지 않습니다. 가까운 이들에게서 받은 사랑, 칭찬, 지지, 그리고 그 안에서 자란 자기 자신에 대한 믿음이 토대가 됩니다. 성장기 교육이나 환경이 중요하다는 말이 그래서 나오는 것이겠지요.

**"내가 조금 창피한 얘기를 꺼내서
누군가에게 위로가 된다면, 그걸로 됐어!"**

언니는 저를 비롯한 지인들과 만나는 자리에서뿐만 아니라 방송에서도 가정사를 스스럼없이 이야기하는 편입니다. 가끔은 언니의 그런 솔직함이 놀랍기도 하고 부럽기도 합니다. 사실 저는 스스로 검열을 많이 하는 사람이거든요. '이건 부끄러운 이야기니까', '저건 시댁이 들으면 안 될 것 같아서', '이건 오해의 소지가 있으니까' 하는 이유들로 웬만해선 제 주변 이야기를 많이 하지 않습니다.

무심코 한 말 한마디에도 쉽게 공격받는 시대에 살고 있기에 더욱 그렇습니다.

결혼 당시 〈연예가중계〉에서 "제가 과일을 잘 고르는 편이거든요. 신랑도 잘 골랐습니다."라는 말을 한 적이 있어요. 그 당시 '사람을 골라서 결혼하냐'며 악플이 엄청나게 달렸습니다. 저는 오히려 결혼이야말로 이성적으로 판단하고 서로 잘 맞는지 신중히 살펴야 하는 중요한 선택이라 생각했어요. 그런데 제 의도와 달리 오해가 생기고 안 좋은 소리를 듣게 되니 점점 더 저를 숨기게 되더군요.

저와 달리 언니는 그런 걸 크게 개의치 않습니다. 다른 사람을 배려하지 않는다거나 말을 함부로 한다는 의미가 아닙니다. 남의 시선을 의식해서 숨기거나 꾸며내지 않는다는 뜻이죠. 자신의 모습과 생각을 있는 그대로 드러냅니다.

"사는 건 다들 비슷비슷해. 내가 조금 창피한 얘기를 꺼내서 누군가에게 위로와 도움이 된다면, 그걸로 됐어. 누군가는 내

전철을 밟지 않고 좀 더 잘살기를 바라는 마음이지."

이것이 언니의 방식이자 일종의 희생정신입니다. 물론 솔직함이 때로는 손해를 가져오기도 했을 테지만, 그런 당당함과 자신감이 결국 지금의 '오영실'이라는 사람을 만들었을 테죠.

폭죽처럼 꽃을 피우는 말, 총알처럼 박히는 말

어릴 적 엄마와 함께 길을 나서면 "어머, 이 집 딸 예쁘게 생겼네." 하는 소리를 종종 듣곤 했습니다. 그럴 때마다 엄마는 큰일 날 소리를 들은 사람처럼 "아니에요, 아니에요. 애가 뭘요." 하며 손사래를 치셨습니다. 그 말을 자주 듣고 자란 탓일까요. 저도 모르게 '나는 예쁜 아이가 아닌가 보다' 하는 생각이 마음속 깊이 자리하게 되었습니다.

어른이 되고 나서 엄마에게 물은 적이 있습니다.

"엄마, 왜 그땐 나 예쁘다고 한 번도 안 해줬어요?"

"그랬다간 네 성격이 나빠질까 봐 그랬지."

엄마는 과한 칭찬이 딸의 오만함을 부를까 싶어 그랬다고 하셨습니다. 다른 사람들 앞에서 내보이는 겸손의 표현이기도 했을 테고요. 그래도 예쁘다고 한 번만 말해줬으면 어땠을까 하고 생각해봅니다. 그럼 저도 스스로를 예쁜 아이라고 생각하며 자랐을 텐데 말이에요.

제가 아는 후배 중 노래하는 걸 극도로 꺼리는 사람이 있습니다. 어릴 적, 유치원에서 배운 노래를 흥얼흥얼 부르고 있으면 엄마가 자주 그러셨대요.
"우리 딸은 음치야, 음치. 노래를 못해도 너무 못해!"
그래서 마음속에 '나는 음치, 노래 못하는 건 부끄러운 일'이라는 생각이 깊이 각인되어버렸다고 합니다. 음악 시간, 노래 실기 시험, 노래방 가는 것 전부 두려울 정도로 싫었대요. 혼자 콧노래를 흥얼거리다가도 '진짜 노래 너무 못하네' 하며 스스로 멈추곤 했답니다. 그 부분에서만큼은 완전히 자신감을 상실한 겁니다.

이토록 가까운 이의 말 한마디는 힘이 셉니다. 말이라는 건 잘 쓰면 폭죽처럼 꽃을 피우고, 잘못 쓰면 총알처럼 박히거든요. 특히 성장기 아이들에게는 더욱 그렇습니다.

내가 옳다는
믿음 내려놓기

　《봄에 나는 없었다》라는 소설이 있습니다. 추리 소설의 여왕 애거서 크리스티가 메리 웨스트매콧 Mary Westmacott이라는 이름으로 펴낸 작품이죠. 하지만 이 작품은 추리소설이 아닙니다. 당연히 탐정도 범인도 나오지 않습니다.

　그래도 애거서 크리스티의 작품이니까 무언가 수수께끼 같은 상황이 전개되지 않을까 기대한다면 실망할 수도 있습니다. 추리소설에서 흔히 볼 수 있는 스릴과 서스펜스는 좀처럼 찾아보기 힘들거든요.

　애거서 크리스티는 독자들이 선입견을 갖고 접하는 것이 부담스러웠는지 이 책을 필명으로 출간했습니다. 그녀는 왜 익숙한 장르에서 벗어나 이 이야기를 써야 했을까요? 추리를 대신한 그녀의 '진짜 이야기'는 무엇이었을까요?

행복하고 완벽한 외양 뒤에 숨겨진 진실

작품의 줄거리는 단순합니다. 영국 중산층 여성 조앤의 이야기예요. 성공한 변호사인 남편은 따뜻하고 가정적입니다. 아이들도 번듯하게 자랐고요. 게다가 조앤은 중년이지만 동년배보다 열 살은 어려 보이는 외모와 건강을 유지하고 있습니다. 행복하지 않을 이유가 없어 보입니다. 그러나 겉으로 보이는 것이 세상의 전부는 아니죠.

다정다감해 보이는 남편은 사실 다른 여성을 사랑하고 있었습니다. 아름답지도 젊지도 않아서 조앤에게는 질투의 대상조차 아니었던 이웃집 여자 레슬리. 손 한번 잡아본 적 없던 남편은 레슬리가 세상을 떠난 후에도 그녀의 무덤을 찾습니다. 조금만 더 용기를 냈더라면 사랑을 고백하고 함께할 수 있었을 텐데… 그렇게 하지 못한 아쉬움을 품고서요.

조앤은 남편이 자신을 위해 꿈을 포기했다고 믿어왔지만 실상은 그 반대였습니다. 남편은 마음 한구석에 아쉬움을 품고 살아왔고, 평화로운 가정을 위해 마음을 드러내지 않은 채 그녀의 말에 순응해왔을 뿐이었어요. 어차피 조앤은 달라지지 않을 테고, 그녀와 대화를 나눠봤자 진정한 소통은 불가능하다고 생각했던 겁니다.

남편뿐만이 아닙니다. 훌륭하게 성장한 듯 보이는 아이들도 조앤의 고집과 아집에 지쳐 점점 그녀를 피하고 있었습니다. 조앤이 자신만의 기준으로 밀어붙여온 완벽한 가정은 실상 아이들에게 숨 막히는 억압의 공간이었죠. 그녀는 자신을 현명한 어머니라 믿어왔지만, 현실은 전혀 달랐어요. 아이들은 그녀의 간섭에서 벗어나기 위해 서둘러 결혼을 택했습니다. 사랑하지 않는 사람과의 결혼이라 해도 엄마 곁을 떠나는 선택이 더 나았던 것이죠.

조앤의 헌신적인 사랑이라고 여겨진 것들은 사실 자신의 만족을 위한 일방적인 강요였고, 가족들은 차가운 침묵으로 그녀의 독선을 견뎌내고 있었던 것입니다.

내가 옳다고 믿는 마음을 내려놓는 일, 거기서부터가 시작이다

결혼 후 초반에는 남편과 말다툼이 잦았지만 시간이 지나며 서로를 이해하게 됐고, 서서히 익숙해졌습니다. 아니, 그렇다고 믿고 있었어요. 그러다 아이의 교육 문제로 대립하며 언쟁하던 어느 날, 남편이 뜻밖의 말을 꺼냈습니다.

"그냥 싸우고 싶지 않아서 여태 당신 뜻에 맞춰준 거야."

익숙해진 게 아니라 부딪치고 싶지 않아 회피했을 뿐이라고 하더군요. 그 말에 적잖이 놀랐지만 한편으로는 수긍되는 측면도 있었습니다. 소설을 읽으며 제 안에도 조앤을 닮은 구석이 있다는 생각을 했거든요.

저 역시 완벽한 엄마이고 싶었습니다. 아이의 스케줄부터 챙겨야 할 식사까지, 굳이 말하지 않아도 한 발자국 뒤에 서서 미리 준비해주는 엄마. 정서적으로나 경제적으로나 든든한 응원군이 되어주는 엄마. 아이에게 고민이 생기면 언제나 아이의 입장에서 먼저 생각해보는 그런 엄마 말이에요.

그래서 아이의 연락을 놓치지 않으려고 애썼습니다. 엄마는 아이의 부름에 언제나 응답해줘야 한다고 믿었으니까요.

그런데 제가 아는 한 선배는 달랐습니다. 어느 날 그 선배가 조심스럽게 딸아이 이야기를 꺼냈어요.

"성실하게 공부해서 좋은 대학에 가고, 직장도 잘 잡았지. 그건 참 고맙고 대견한 일이야. 그런데… 그 아이가 정말 행복한 삶을 살고 있는지는 잘 모르겠어."

아이의 성공이 아니라 아이의 행복을 염려하는 엄마의 말이 새삼스레 제 마음을 깨우더군요. '그렇지, 엄마가 원하는 삶이 아니라 아이 스스로가 원하는 삶이 중요한 거지.'

돌이켜 보면, 저는 아이의 행복을 바란다고 말하면서도 정작 제가 옳다고 믿는 삶을 일방적으로 강요해왔던 건 아닐까 하는 생각이 들었습니다. 완벽한 엄마가 되고 싶다는 욕심이 어쩌면 아이를 위한 것이 아니라 저를 위한 것이었는지도 모를 일이고요. 내 방식이 최선이라고 믿는 마음, 그 마음을 내려놓는 데서부터 진정한 대화가 시작되겠지요.

그 이후로는 저도 조금씩 달라지려 노력하고 있습니다. 정답보다는 자신만의 길을 찾아갈 수 있는 용기. 저는 아이에게 그런 마음을 키워주려 합니다. 무엇보다 아이가 편하게 말할 수 있는 공간과 시간을 더 많이 만들어주고 싶어요. 내가 옳다고 믿는 마음을 내려놓는 일은 아직도 서툴지만 계속해보려 합니다. 제 안에도 조앤과 닮은 구석이 있다는 걸 잊지 않으면서요.

  물론, 생각처럼 잘되지는 않습니다만.

전달력과 설득력을
높이는 법

KBS 아나운서실에 입사하면, 신입사원들에게 약 한 달간의 훈련 기간이 주어집니다. 일종의 오리엔테이션처럼 뉴스 낭독 훈련을 비롯해 다양한 방송 현장을 견학하는 시간이죠. 그중에서도 가장 인상 깊었던 건 바로 '3분 스피치'였습니다. 한 가지 주제를 받고 3분 안에 자신의 생각이나 이야기를 구성해 발표하는 시간. 그리고 그 발표에 대해 선배 아나운서들이 피드백을 주는 방식입니다.

주제는 '커피', '장마', '노트북'처럼 일상적인 것에서부터 자유 주제까지 다양했습니다. 이 훈련에는 별다른 이론 설명이 없습니다. 그저 '내가 하고 싶은 말을 구조화해 전달하는 연습'이 핵심입니다. 이 과정은 단순히 말을 잘하게 만드는 것이 목적이 아니라 애드리브 능력과 기승전결 있는 이야기 구성력을 기르기 위한 것이었으니까요.

이러한 훈련은 아나운서처럼 즉각적인 말하기 상황이 많은 직업군의 사람들에게 큰 도움이 됩니다. 긴급 속보를 전하거나 인터뷰 도중 갑작스럽게 이야기를 이어가야 하는 순간이 적잖이 있기 때문이죠.

말은 정보만 전달하는 도구가 아니라 감정과 태도까지 함께 전한다

그런데 3분 스피치가 방송 현장에만 필요한 것일까요? 꼭 그렇지만은 않습니다. 정해진 시간 안에 핵심 메시지를 짜임새 있게 전달하는 능력은 일상은 물론 직장에서도 매우 유용한 역량입니다. 같은 말이라도 장황하게 늘어놓는 것보다 핵심을 명확하게 짚어주는 쪽이 훨씬 설득력 있으니까요.

특히 프레젠테이션이나 회의가 잦은 직장인에게 3분 스피치는 실전에서 큰 도움이 됩니다. 예를 들어 회의나 발표를 앞두고 말할 내용을 3분 분량으로 미리 정리해두면 진행이 훨씬 매끄러워집니다.

주제를 먼저 제시하는 두괄식 구성, 이야기를 따라가며 메시지로 자연스럽게 이어지는 미괄식 구성 등 다양한 방식이 가능합니다. 그리고 꼭 3분이어야 하는 건 아니에요. 주제나 내용에 따라 시간은 유동적으로 조절할 수 있습니다. 중요한 건 자신의 말하기 스타일에 맞게 조율하는 것입니다.

더불어 아무리 좋은 내용을 잘 구성해서 발표한다 하더라도 분위기가 딱딱하게 굳어 있다면 전달력이 떨어지게 됩니다. 이럴 때는 아이스브레이킹 멘트를 활용하거나, 함께 협업한 동료들을 언급하며 분위기를 부드럽게 여는 것도 도움이 됩니다. 특히 소규모 회의에서는 한마디 농담이나 따뜻한 표현이 대화의 온도를 바꾸기도 하니까요.

무엇보다 3분 스피치가 주는 가장 큰 장점은 자신감입니다. 막상 말해야 할 순간이 왔을 때 '내가 할 말이 준비되어 있다'는 안정감은 생각보다 큰 힘이 되거든요. 또 짧은 시간에 집중도 높게 전달하는 훈련을 하다 보면 불필요한 군더더기 없이 핵심만 전달하는 습관이 생깁니다. 이는 단순히 발표 상황에서만 쓸 수 있는 건 아니에요. 일상 대화에서도 상대방에게 명확하고 인상적인 메시지를 전달하고자 할 때 도움이 됩니다.

그렇다면 3분 스피치는 어떻게 준비해야 할까요? 말하기 준비는 '실제 주어진 시간 대비 내용을 좀 더 풍성하게 하는 것'이 좋습니다. 주어진 시간이 3분이라면 5분 분량 정도를 미리 준비해두고, 그중 덜 중요한 내용을 빼는 형식으로 진행하면 여유 있게 대처할 수 있어요. 준비한 내용을 녹음해서 들어보거나, 자기 전에 머릿속으로 말할 내용 전체를 시뮬레이션해보는 것도 기억을 오래 남기는 데 도움이 됩니다.

이런 기술적 구성과 함께 실전에서 바로 써먹을 수 있는 훈련법도 있습니다. 특히 제가 추천하는 방법은 거울을 보고 소리 내어 말해보는 것입니다. 저는 지금도 대본을 받으면 화장실 거울 앞에 서서 말하는 제 모습을 보며 읽어보는 습관이 있어요.

마음속으로만 외우고 떠올리는 것과 입 밖으로 소리 내어 말해보는 것은 분명한 차이가 있습니다. 익숙한 문장도 막상 입 밖으로 꺼내려 하면 엉뚱한 곳에서 막히는 경우가 많아요. 게다가 말할 때의 표정이나 간단한 제스처도 연습해보면 좋습니다. '말'은 단지 정보만 전달하는 도구가 아니라 감정과 태도까지 함께 전하기 때문이죠.

타고난 달변가가 아니라도 걱정할 필요 없습니다. 말할 내용을 미리 준비하고 연습해두는 것만으로도 실제 상황에서 훨씬 안정감 있게 말할 수 있으니까요. 준비 없이 말하는 것과는 확연하게 다릅니다.

단 3분이지만 그 시간을 어떻게 채우느냐에 따라 전달력도, 인상도 달라진다는 걸 기억하세요. 회의든 발표든 짧은 시간 안에 핵심을 담아내는 훈련은 직장인에게 꼭 필요한 말하기 연습이 될 거예요.

말은 짧게 마음은 깊게, 말에도 리허설이 필요하다

아침 7시부터 9시까지 저는 19년 동안 〈황정민의 FM대행진〉을 진행했습니다. 두 시간 동안 제 이야기를 할 수 있는 시간은 다 합쳐도 고작 20분 남짓입니다. 음악 사이사이 2~3분 정도의 짧은 시간 동안 사연도 읽고, 제 코멘트도 얹고,

음악에 대한 느낌까지 전해야 하죠. 거기에 제 색깔까지 입히려다 보니 시간은 늘 모자랐습니다.

처음에는 이야기의 흐름을 만들어가다가 앞에서 피디가 '그만하라'는 손짓을 하면 마무리를 짓지도 못한 채 말을 멈추곤 했어요. "자세한 이야기는 광고 듣고 이어갈게요." 아니면 "다음에 다시 말씀드릴게요." 이런 식이었죠.

사람들은 그런 식의 끊김이 오히려 궁금증을 유발한다고들 했지만, 솔직히 처음에 저는 당황스러웠습니다. 아무리 경험이 많은 진행자라 해도 시간에 쫓겨 말을 뚝 끊어야 하는 상황은 늘 어색하고 부자연스럽거든요.

그래서 고민 끝에 저만의 방법을 찾아냈습니다. 바로 '시간별 버전 준비법'이에요. 매일 차를 타고 다니면서 혼자만의 리허설을 했습니다. 주어진 짧은 시간 동안 제가 하고 싶은 이야기를 짜임새 있게 전할 수 있도록 말이죠. 그날의 하늘에 대해, 제가 듣고 있는 음악에 대해, 그 비하인드 스토리에 대해. 길게도 이야기해보고 짧게도 말해보며 다양한 버전을 준비해보곤 했죠. 노을 진 퇴근길, 아무도 밟지 않은 눈길, 따사로운 햇살 속의 감정까지 담아보려 애썼습니다.

마치 연애를 시작할 때의 마음 같았다고나 할까요. 연애 초반에는 전화를 걸기 전 '무슨 말을 해야 할까' 많이들 고민하며 혼잣말로 연습하곤 하잖아요. 그 설렘 속에서 목소리 하나, 말 한마디에도 온 마음을 실으려 하죠. 라디오를 진행할 때도 그와 비슷했어요.

그뿐인가요. 사랑에 빠지면 세상의 모든 것이 그 사람과 연결되는 것처럼 느껴집니다. 맛있는 걸 보면 '같이 와서 먹어야지' 하는 생각이 떠오르고, 따뜻한 목도리를 보면 그에게 둘러주며 무슨 말을 건넬까 궁리하게 되고요. 연애하던 시절처럼 저는 사소한 일상의 풍경 하나하나와 그 느낌을 청취자들과 나누고 싶었습니다.

가장 중요한 건 내가 반드시 전하고 싶은 핵심 메시지가 어느 버전에서든 빠지지 않게 하는 것이었습니다. 그리고 배치에 신경을 썼죠. 핵심이 너무 앞에 있으면 뒷이야기가 묻히고, 너무 뒤에 있으면 결론을 내기도 전에 흥미를 잃거나 맥이 빠질 수 있으니까요.

이렇게 가벼운 주제로 말하기 연습을 하다 보니 점차 더 진지한 주제에도 자연스럽게 접근할 수 있게 되었습니다. 최근

읽은 책이나 사회현상에 대해 나만의 느낌과 생각을 정리해 표현하는 힘이 생겨났죠.

 이런 훈련이 반복된다면 누구라도 어느 자리에서든 어렵지 않게 말의 흐름을 이끌어갈 수 있을 겁니다. 말은 어느 순간 번뜩 떠오르는 재치나 타고난 입담만으로 잘하게 되는 게 아니니까요.

 3분 스피치든 짧은 라디오 멘트든 핵심은 동일합니다. 제한된 시간 안에서 자신만의 이야기를 진정성 있게 전하는 것. 그리고 그 진정성은 충분한 준비와 연습에서 나온다는 것. 말하기는 생각과 마음을 전하는 일이고, 그것이 온전히 전해질 때 비로소 제대로 된 소통이 가능하겠지요.

똑똑하게 TALK TALK 하기 ⑥

실전에 도움되는 3분 스피치

1. 간단한 시나리오부터 써본다
→ 회의 안건이든 팀 브리핑이든 3분 안에 내용을 효율적으로 전달하기란 생각보다 쉽지 않다. 그래서 미리 시나리오를 써두는 것이 좋다. 말머리, 중심 문장, 마무리 한 줄. 이 세 가지만 잡아도 전체 흐름이 정리된다. 기승전결이 자연스럽게 느껴지도록 '에피소드-느낌-메시지' 구조로 구성해보는 것도 효과적이다.

2. 반드시 시간을 재면서 연습해본다
→ 머릿속으로 생각한 것과 실제로 말해보는 것은 차이가 있다. 3분이 생각보다 길게 느껴질 수도, 짧게 끝나버릴 수도 있다. 핵심을 중심으로 3분 버전, 그리고 축약된 1분 버전도 함께 만들면 좋다. 상황에 따라 유연하게 응용할 수 있는 힘이 생긴다.

3. 거울 앞에서 말하며 표정과 시선을 점검한다
→ 자신이 말하는 모습을 직접 보면, 표정의 긴장감이나 눈의 움

직임, 손짓 등을 확인할 수 있다. 내용만큼이나 제스처나 눈빛, 표정 같은 비언어적 요소도 전달력을 높이는 데 도움이 된다. 외우듯이 말하기보다 진심이 담긴 시선과 표정으로 연습하는 것이 중요하다.

4. 녹음해서 꼭 들어본다

→ 그냥 말할 때는 잘 안 느껴지던 말버릇이나 군더더기 표현이 녹음하면 그대로 드러난다. '음…', '저기…' 같은 불필요한 추임새, 지나치게 빠른 속도, 목소리 톤, 부정확한 발음까지 드러난다. 처음엔 낯설고 어색하게 들리겠지만 고칠 부분을 발견하는 데 가장 효과적인 방법이다.

5. 혼자만의 리허설을 해본다

→ 출퇴근길 운전 중이든, 점심시간 혼자 걸을 때든, 화장실에서 손을 씻으면서든 말의 순서를 떠올려본다. 누군가를 앞에 두지 않더라도, 생각을 입 밖으로 꺼내는 습관이 자연스러운 말하기의 시작이 된다. 누구에게 들려주지 않아도, 내가 내 말에 익숙해지는 순간부터 말이 훨씬 부드럽고 자연스러워진다.

CHAPTER III

마인드를 단단하게 만드는 말

"때로는 다른 사람에게 '노',
나에게는 '예스'라고 말해볼까요"

"다 너를 위해서야"에 숨겨진 무례함에 맞서기

제가 서른다섯에 결혼을 했으니, 요즘 기준으로는 그리 늦은 나이는 아닙니다. 하지만 그 당시엔 조금 늦은 편이었죠. 서른이 넘고 나서부터는 명절이나 가족, 친척들이 다 모이는 자리에 자연스레 발걸음을 덜하게 됐습니다. 누가 직접적으로 뭐라고 한 건 아니었어요. 그저 듣기 싫은 말이 나오면 어쩌나 싶어 스스로 거리를 둔 것이었습니다.

실제로 그맘때 만난 제 친구들 중에는 친척이 모이는 명절을 불편해하는 이들이 있었어요. 으레 그렇듯 이런 말들이 나왔다고 해요. "사귀는 사람 없니?", "왜 연애를 안 해?", "그 남자는 직장이 별로라며." "언제까지 연애만 할 거니?" 연애를 해도 안 해도 잔소리가 넘쳐났다고 합니다.

아무리 가까워도
해서는 안 되는 말들

생각해보면 우리 사회에는 가족이라는 이유로, 친하다는 핑계로 '선을 넘는 말'들이 너무도 쉽게 오가는 분위기가 있습니다. 가까운 관계일수록 경계가 느슨해지기 때문에 불쑥 사적인 영역을 침범하는 말, 무례한 질문, 의도치 않게 상처를 주는 일이 반복되곤 하죠.

결혼한 지 얼마 안 됐을 무렵, 한 선배가 조용히 다가와 이렇게 물은 적이 있습니다. "정민 씨, 지금 어디 살아요?" 그러더니 "집은 자가예요? 아님 전세? 혹시 몇 평이에요?" 하고 쉴 새 없이 질문을 이어갔습니다.

그때 저는 뭔가에 홀린 듯 그 질문에 대답을 했고, 대화가 끝난 뒤에야 '이건 아니다' 싶은 불쾌한 감정이 밀려왔습니다. 상대는 악의도 특별한 의도도 없었겠지만, 저는 분명 사적인 영역을 침범당했다는 느낌을 받았어요. 무엇보다 그런 질문에 순순히 대답해버린 저 자신이 못마땅했습니다.

이런 일은 낯선 사람보다 오히려 가까운 사람에게서 더 자주 일어납니다. 가족, 친척, 지인, 동료들은 친하다는 이유로 또는 조언을 해준다는 명목으로 다음과 같은 말들을 쉽게 던집니다.

"너는 엄마 혼자 어렵게 키웠으니까, 진짜 돈 많은 남자 만나야 돼."

"싱글은 재테크가 중요해. 돈 모으려면 악착같이 일해야지. 해외여행 다니면서 언제 돈 모을래."

"대학은 무조건 서울이야. 재수해서라도 인서울해야 나중에 후회 안 한다."

"살 빼. 여자는 외모도 경쟁력이야."

이런 말들은 조언처럼 들릴지 모르지만, 듣는 입장에서는 삶을 평가받거나 강요당하는 기분을 느끼기 십상입니다. 간섭과 관심은 정말 종이 한 장 차이인데, 그 경계를 인식하지 못하면 불쑥 선을 넘게 되지요.

그렇게 무례함이 자리한 사이는 건강한 관계를 지속하기 어렵습니다. 서로에 대한 존중과 배려가 빠져 있으니까요. 건강한 관계를 위해서는 서로의 영역을 존중하는 태도가 필요하다는 사실을 기억했으면 좋겠습니다.

경계를 긋는 말은
선을 넘지 못하게 하는 방지턱

제 친구 중 한 명은 고1 아들에 대한 걱정이 참 많습니다. 아이 체구가 작고 마른 데다 키가 자라지 않아 그게 늘 고민이었죠. 음식이라도 잘 먹어주면 덜 불안할 텐데, 아들은 일명 '소식좌', 그것도 '극 소식좌'였어요. 혹시 학교에서 따돌림이라도 당하면 어쩌나, 키가 그대로 멈춰버리면 어쩌나 친구는 전전긍긍했습니다.

그런데 명절만 되면 동서와 어머니가 만나는 자리에서 어김없이 이런 말이 나왔다고 해요.

"형님, 선우는 형님 닮아서 잘 안 먹나 봐요. 저러다 키 안 크면 어째요?"

또 시작이구나 싶어 속이 부글부글 끓었지만, 친구는 설거지를 핑계 삼아 자리를 피했습니다. '내가 귀를 닫고 말지.' 하지만 동서는 거기서 멈추지 않았어요.

"어머니, 우리 민재 지난달에 190센티미터 넘었어요. 반에서 두 번째래요. 있는 거 없는 거 다 시킨 보람이 있네요."

그러더니 기어이 설거지하는 친구에게 이렇게 소리쳤답니다.

"형님, 제가 괜찮은 성장 클리닉 알아봐드릴까요?"

그 말에 화가 솟구친 제 친구는 어떻게 반응했을까요? 그녀가 겨우 꺼낸 말은 이런 혼잣말이었어요.

'어후, 왜 이렇게 덥지.'

미리 선을 긋는 태도를 보였다면 좋았을 텐데, 참고 피하기만 하다 보니 혼자서만 마음고생을 하게 된 거죠. 상대가 선을 넘거나 말을 함부로 할 때 중요한 건 단호함입니다. 물론 그런 말들에 아무 영향도 받지 않는 드넓은 마음의 소유자라면 괜찮아요. 하지만 매번 상처받으면서 속으로 삼키기만 하는 건 결코 현명한 대응이 아닙니다. 방지턱이 없으니 상대는 더 속력을 내서 질주할지도 모릅니다.

그러니 누군가 지속해서 무례한 말을 하면 그것이 불편하다는 사실을 분명하게 알려줘야 합니다. 우선은 자신을 지키기 위해서, 그리고 관계를 유지하기 위해서요.

"그런 건 강요하지 않았으면 좋겠어."

"고마워. 그 문제는 내가 알아서 할게."
"아무리 생각해도 그 말은 좀 심하네."

이런 말들은 선을 넘었다는 걸 상대가 인식하게 하는 신호가 됩니다. 당장은 조금 어색해질 수 있지만 참다가 최악의 방식으로 폭발하는 것보단 낫지 않을까요? 그러니 '당신 지금 선을 넘었어. 더 이상은 안 돼'라는 신호를 분명하게 주세요.

누군가가 너무 자주 너무 깊게 경계를 허물고 들어온다면, 상처 주는 무례한 말을 아무렇지 않게 한다면, 신호를 줬는데도 고치지 않는다면 관계를 잠시 멈추는 것도 하나의 방법입니다. 그게 나를 보호하고 관계를 지키는 최소한의 선택이 되기도 하니까요.

우리는 흔히 친밀함의 증거를 '가까움'에서 찾지만, 진짜 건강한 관계는 '적정한 거리'를 유지하는 데서 시작됩니다. 너무 가깝지도 멀지도 않은 거리, 자신을 보호할 수 있는 최소한의 영역을 남겨둔 거리. 살면서 수많은 사람을 만나 많은 말을 주고받지만 그 안에서 가장 먼저 지켜야 할 것은 결국 나 자신이라는 걸 잊지 않았으면 좋겠습니다.

"말은 너무 가까워도 곤란하다. 허물없이 말하다 보면 의도하지 않게 선을 넘게 되고, 급기야 불편하고 피곤한 관계가 된다. 가까운 관계일수록 이런 일이 더 빈번하게 일어난다. 실망스럽고 서운하다 못해 관계가 아예 깨지기도 한다. 깨지는 데 그치지 않고 불천지 원수가 된다. 이런 일들은 대부분 말이 원인이다."

전직 대통령 연설비서관을 지낸 강원국의 《강원국의 어른답게 말합니다》에 나온 구절입니다. 제 마음을 고스란히 옮겨 놓은 이 문장으로 마무리를 대신합니다.

에너지 뱀파이어가
침범하지 못하도록

살다 보면 학교 동창, 직장 동료, 소모임 멤버 등 다양한 사람들과 어우러져 살아가야 합니다. 그리고 그중에는 유독 자기중심적인 사람, 제 잘난 맛에 사는 사람, 극성스러운 사람이 있게 마련이죠. 사적으로는 코드가 맞지 않아 친분을 유지하지 않지만, 결혼식장이나 장례식장 등에 가면 부득이하게 만날 수밖에 없는 경우가 생깁니다.

그런 사람들에게는 공통된 특징이 있어요. 우선 자기 자신에 대한 평가가 굉장히 후하다는 점입니다. 그리고 자기 자랑을 주로 하며 시간을 채우죠. 상대방의 처지나 관심사는 전혀 고려하지 않는 모습을 보입니다.

세상의 중심은 나,
자기 자랑만 늘어놓는 사람

언젠가 친한 동생의 결혼식장에 갈 일이 있었어요. 평소 저와 잘 맞지 않아 거리를 두던 언니가 먼저 아는 척을 하더군요. 자기중심적인 성향이 강해서 한번 옆에 앉으면 말이 길어지는 언니였는데, 그날 하필 옆자리에 앉게 되었습니다. 몇 년에 한 번 얼굴 보면 그만인 사이라 굳이 냉랭하게 굴 필요도 없어 저도 반갑게 인사했습니다.

의자에 앉으며 굳이 명품 가방을 테이블 위에 턱 하니 올려두더군요. 역시 그 언니다운 행동이었습니다. 아니나 다를까 그때부터 시작되었지요. 자기가 얼마나 열심히 살아왔는지, 또 얼마나 능력자인지를 강조하는 말들 말입니다.

"내가 해외에서 프랜차이즈 사업하는 거 알지? 벌써 세 번째 매장을 오픈했는데 매출이 꽤 잘 나와. 그 지역에서 단기간에 그 정도 성공한 사람이 없더라. 그래서 성공 사례로 현지 신문에도 나왔잖니."

그렇게 시작된 이야기는 도무지 끝날 줄을 몰랐습니다. 왜 하필 그 옆자리에 앉았을까요. 제 실수였습니다. 예전에는 그런 사람들의 이야기를 묵묵히 들어주며 전부 맞장구를 쳐주곤 했지요. 하지만 어느 순간부터인가 그런 반응이 무의미하다는 생각이 들었고 그런 사람들을 자연스레 피하게 되더군요.

하여튼 그녀의 자랑은 그 뒤로도 계속되었습니다.
"아, 맞다! 우리 딸 전시회 하는데 시간 되면 꼭 한번 와. 딸이 그림에 타고난 재능이 있어서 벌써 두각을 나타내고 있거든. 교수님들도 남다르게 본대."

이렇게 시작된 그녀의 자화자찬은 한 시간 넘게 이어졌습니다. 한국 사회에서 성공의 기준이라 여겨지는 모든 조건을 빠짐없이 갖췄다는 듯한 이야기였습니다. 해외 사업 성공담, 아이의 예술적 재능, 게다가 잘나가는 시댁 이야기까지. 누군가 다른 주제로 화제를 돌리려 해도 어김없이 본인의 성공담으로 되돌아왔습니다.

"그런데 말야, 우리 애 미술 교육 시킬 때 진짜 힘들었거든. 애가 타고난 재능도 있었지만 엄마 역할도 진짜 중요해." 하며 또다시 아이 재능과 교육 이야기를 장황하게 펼쳐놓더군요.

그 자리에는 싱글이 절반이 넘었고, 아이가 없는 사람도 있었습니다. 하지만 그녀는 아랑곳하지 않았어요. 마치 모든 여성이 자녀의 성취를 통해 자신의 가치를 증명해야 한다고 믿는 것처럼 자신의 육아 철학부터 딸의 재능, 교육 투자의 성과까지 한 시간 넘게 떠들어댔습니다.

이런 유형의 사람은 어디에나 있습니다. 그리고 그들의 주제 선택에는 배려가 없습니다. 누군가 다른 이야기를 꺼내도 자기 이야기로 다시 선회합니다. 이상하게도 이런 사람들과 함께 있으면 에너지가 빨려 나가는 듯한 느낌이 듭니다. 그들은 오직 받기만 하고 주려 하지 않거든요. 관심과 인정, 부러움과 감탄만 빨아들일 뿐 상대방에게는 아무것도 돌려주지 않습니다. 그래서 함께 있으면 심리적으로 지치고 허전함만이 남는 것이죠.

진정한 대화란 서로 주고받는 것인데, 이런 관계에서는 일방통행만이 존재합니다. 아니, 정확히 말하면 상대방이 누구든 자신이 원하는 반응만 얻으려 할 뿐이죠. 상대의 감정이나 상황, 관심사는 전혀 중요하지 않습니다. 그저 자신의 이야기를 들어줄 청중이 있으면 그만인 거예요. 이런 일방적인 관계에서는 진정한 소통이나 긍정적인 유대감은 형성되기 어렵겠죠.

매사 불평불만, 자기 힘든 일만 말하는 사람

자기 자랑만 하는 사람이 있는가 하면 반대편에는 앓는 소리, 힘든 소리만 하는 사람도 있습니다. 이들은 자랑 대신 불만을, 성취담 대신 하소연을 무기로 상대방의 에너지를 고갈시키죠.

친구 중 한 명이 그렇습니다. 결혼해서 아이가 하나 있고, 남편은 대기업에 다니며 시댁도 경제적으로 여유로운 편입니다. 아이도 별다른 문제 없이 서울에 있는 꽤 괜찮은 대학에 잘 다니고 있고요. 객관적으로 보면 크게 문제될 만한 상황이 없습니다. 그런데 그녀는 언제나 모든 상황이 힘에 겹고, 싫고 짜증나는 것투성이입니다.

이 친구는 일주일에 3일은 전화를 해옵니다. 벨이 울리는 순간 어떤 말로 시작할지 저는 이미 예감이 들어요. 전화를 받자마자 들려오는 한숨 섞인 목소리.

"정민아, 왜 이렇게 사는 게 힘드니. 나 요즘 너무 우울해. 아침에 일어나기도 싫고 뭘 해도 재미가 없다."

'왜 이렇게 사는 게 힘드니'는 그녀의 단골 멘트입니다. 이유는 다양합니다. 아이가 커가는 걸 보니 자신이 늙는다는 생각에 문득 우울해졌다고 합니다. 하루는 시어머니가 주신 화분에 물을 주다가 짜증이 솟구쳐 화분을 박살냈다고 하더군요. 또 언젠가는 대학 졸업하고 가정주부로 머문 자신이 한스럽다고 했습니다. 그러더니 어느 날은 이러더군요. "왜 매일 눈이 떠지나 몰라. 영원히 잠들어도 좋을 텐데…."

처음에는 진심으로 걱정이 되어서 이야기를 다 들어주었지요. 그런데 점점 상태가 심각하다는 생각이 들었습니다. "그럼 심리 상담을 받아보는 건 어때? 요즘 우울증이나 번아웃 증후군도 많다던데… 전문가와 한번 만나보는 것도 좋을 것 같아."라고 조언했죠. 하지만 돌아오는 대답은 늘 똑같습니다. "글쎄, 심리 상담까지 받을 일인 줄 잘 모르겠네. 시간 지나면 나아지겠지."

그러더니 며칠 후엔 또 다른 불편함을 호소합니다. 몸 상태가 예전 같지 않다는 하소연으로 이야기가 시작됐습니다. 허리가 너무 아파서 앉아 있을 수가 없다는 겁니다. 어제도 새벽 3시까지 뒤척였다며 목, 허리, 어깨, 손목, 무릎까지 여기저기 안 아픈 관절이 없다며 한참을 설명하더군요.

몇 년 전 목디스크로 고생한 데다 습관성 두통으로 힘들어하는 걸 알고 있던 터라 종합검진을 받고 건강을 챙기라고 했습니다. 수영 같은 가벼운 운동을 해보면 한결 좋아질 거라고도 했죠. 하지만 "우리 나이 정도 되면 여기저기 아픈 게 정상이지." 하며 슬쩍 넘어가 버립니다.

하루는 또 다른 주제로 전화가 왔어요.

"정민아, 나 정말 바보 같아. 다른 집 여자들은 재테크로 살림을 늘리는데 나는 뭘 해야 할지도 모르겠어. 주식은 너무 무서워서 못할 거 같고, 부동산도 뭘 알아야 하지. 정말 나만 바보같이 살고 있는 것 같아. 직장에 다닌 것도 아니고, 남들처럼 아이 교육에 유별났던 것도 아니고… 난 뭘 하고 산 걸까? 네가 봐도 한심하지 않니?"

이번에는 자기 비하에 빠져 있었습니다.

"재테크 공부를 한번 해보면 어때? 요즘 강의도 많고 책도 많잖아."

이렇게 제안했지만 예상한 답변이 돌아왔어요.

"말이 그렇단 거지. 나 같은 사람이 섣불리 도전했다가 있는 것마저 날릴지 몰라. 그냥 예금이나 넣고 살아야지 뭐."

아마 며칠 후 또 비슷한 내용으로 전화가 오겠지요. 같은 레퍼토리로 같은 증상을 호소하면서 말이에요. 같은 이야기에 대답을 변주하며 공감해주는 것도 한계가 있습니다. 게다가 도움이 될 만한 대안을 제시해주면 회피하려고만 하고요. 마치 문제를 해결하고 싶은 게 아니라 불만을 토로하는 게 습관으로 굳어진 것 같았습니다.

이런 유형의 사람들은 묘한 특징이 있어요. 실제로는 감사할 일이 많은 상황임에도 불구하고 늘 부족한 것, 아픈 것, 힘든 것에만 초점을 맞춥니다. 마치 자신이 얼마나 불행한지를 증명하는 것이 그들의 정체성인 것처럼 말이에요. 그리고 상대방이 해결책을 제시하면 온갖 핑계를 대며 거부하죠.

처음에는 저도 진심으로 걱정했어요. 친구니까 도움이 되고 싶었고 위로도 해주고 싶었거든요. 하지만 같은 패턴이 10년 넘게 반복되면서 깨달았습니다. 이 친구는 실제로 도움을 원하는 게 아니라 그저 자신의 불행을 들어줄 청중을, 혹은 감정 쓰레기통을 찾고 있다는 것을 말이에요.

이런 관계에서는 주는 사람만 계속 주게 됩니다. 공감과 위로, 조언과 격려를 아낌없이 쏟아붓지만 돌아오는 건 똑같은 불평과 하소연뿐입니다. 더 큰 문제는 그들의 부정적 에너지가 상대방에게까지 전이된다는 점입니다. 시간이 지나면서 친구와의 통화가 끝나고 나면 묘하게 기분이 다운되고 에너지가 고갈되는 느낌을 받았습니다. 심지어 하루 종일 좋은 일이 있었는데도 통화 한 번으로 기분이 가라앉는 경우도 있었어요. 그래서 저는 조금씩 그 친구와의 만남이나 소통을 멀리하기 시작했죠.

자기 자랑만 늘어놓는 사람과 힘든 이야기만 하는 사람, 겉보기엔 정반대 같지만 둘 다 결국 자기중심적이라는 공통점이 있습니다. 한쪽은 자신의 성취로, 다른 한쪽은 자신의 고통으로 모든 대화를 독점해버리죠. 상대방의 상황이나 감정은 전혀 고려하지 않은 채 오직 자신의 이야기만 쏟아내며 에너지를 빼앗아갑니다.

요즘은 이런 사람들을 만나면 적당한 선에서 거리를 두려고 합니다. 물론 완전히 피할 수는 없습니다. 살다 보면 어쩔 수 없이 마주쳐야 하는 순간들이 있으니까요. 하지만 예전처럼 모든 이야기를 다 들어주고 맞장구쳐주며 저 자신이 소진될 필요는 없다는 걸 깨달았습니다. 내 에너지도 소중하거든요.

이제는 저 역시 좀 더 솔직해졌습니다. 굳이 친한 척하지도 않고 억지로 관심을 보이지도 않습니다. 예의는 지키되 적당한 거리는 유지하려 합니다. 에너지 뱀파이어들에게 우리의 소중한 시간을 다 뺏길 순 없으니까요.

똑똑하게 TALK TALK 하기 ⑦

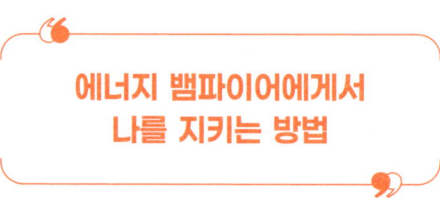

에너지 뱀파이어에게서 나를 지키는 방법

1. '그건 그 사람의 감정이지, 내 문제가 아니야' 하고 속으로 선 긋기

→ 그들의 불행이나 분노는 당신이 해결해줘야 할 문제가 아니다. 감정은 각자의 몫이라는 걸 기억하자.

2. 공감은 하되, 무조건 맞장구치지 않기

→ "그럴 수 있겠네."까지만 하자. "맞아, 세상은 정말 다 이상해."라며 지나치게 동조할 필요는 없다.

3. '시간'을 정해 듣기, 마음까지 끌려가지 않기

→ 마음속으로 '이건 20분만 듣자' 하고 정한 뒤 가급적 시간을 지키자. 또 상대에게 "내가 일이 있어서 오늘은 여기까지만 들어야겠어."라고 말해보자. 그러면 상대의 감정 소용돌이에 덜 휘말린다.

4. "나도 힘들어."라는 말은 참지 않기
→ 듣기만 하다 지칠 땐 "나도 요즘 쉽지 않아."라는 말을 꺼내도 된다. 공감은 양방향일 때만 건강하다.

5. 말의 방향을 바꾸는 '대화의 리모컨' 쥐기
→ 질문을 돌리고 화제를 바꾸는 연습이 필요하다. "그 얘기 들으니 갑자기 생각났는데…" 같은 이야기 전환도 기술이다.

6. '지금은 내가 감당할 상태가 아니야'를 인지하기
→ 내 에너지가 바닥일 땐 다른 사람 이야기를 경청하기 힘들다. 그럴 땐 '의무감 없는 거리두기'가 가장 현명한 방법이다.

7. 감정 쓰레기통이 되지 않겠다고 다짐하기
→ 아무 말이나 받아주고 다 들어주면 결국 나는 상대의 감정 쓰레기통이 되고 만다. 그 어떤 순간에도 나를 지키는 것이 먼저다.

8. 물리적인 거리두기
→ 자주 마주치는 사람이 에너지 뱀파이어라면 자리를 옮기거나

휴식 시간을 다르게 가져보자. 공간의 변화가 감정에도 영향을 준다.

9. 남을 배려하지 않는 무례한 사람에겐 무심한 리액션으로 답하기

→ 모든 말에 일일이 반응해줄 필요 없다. 때론 무심한 반응이 가장 좋은 대응이기도 하다.

10. 그 사람의 말에 내 중심이 흔들리지 않도록 하기

→ 누군가의 자랑, 누군가의 부정적 태도가 내 자존감과 가치관을 무너뜨릴 이유는 없다. 내 마음의 중심은 내가 잡는다.

말에도
편집이 필요하다

　직업이 아나운서이다 보니 제가 평소에도 말을 많이 할 거라 생각하는 분들이 있습니다. 하지만 실제로 저를 만나본 분들은 이렇게 말씀하시곤 하죠.
　"생각보다 말씀이 없으시네요."
　맞습니다. 저는 말이 많은 편이 아닙니다. 말을 많이 하면 그만큼 실수도 늘어난다는 걸 사회생활을 하며 배웠기 때문입니다. 말의 양이 늘어나면 아무래도 하지 말아야 할 말, 굳이 꺼내지 않아도 좋을 말들을 내뱉을 확률이 높아지죠. 그런 말들을 하나둘 덜어내다 보니 어느 순간 제 말수도 자연스레 줄어

들었습니다.

너무 많은 말이 소음처럼 떠도는 세상입니다. 근거 없는 말, 상처를 내는 말, 거짓된 말, 하면 안 될 말, 무의미한 말…. 그래서 말에도 선택과 집중이 필요하다는 생각이 들었어요. 불필요한 말은 덜어내고 꼭 해야 할 말만 남기는 것. 말에도 편집이 필요하다는 걸, 그래야 비로소 그 말이 제대로 작동하고 힘을 지닌다는 걸 조금씩 깨닫게 된 것이죠.

진중한 말에는
남다른 힘이 있다

자주 만나지는 않지만 만날 때마다 따뜻한 정을 나누는 사람이 있습니다. 저는 아침 7시부터 9시까지 방송되던 KBS 라디오 〈황정민의 FM대행진〉을 1998년부터 2017년까지 19년 동안 진행했어요. 그 프로그램을 처음 맡아 한참을 헤매고 있을 때 함께 일했던 피디가 바로 그 사람입니다. 라디오 피디답게 그는 하루 종일 이어폰을 끼고 음악을 듣곤 했지요. 함께 일할 당시에도 그는 말이 많지 않았어요.

하지만 그가 입을 열면 이상하게도 귀를 기울이게 됩니다.

음악에 대한 진정성과 사람을 대하는 진중한 태도 때문이었을 겁니다. 말을 적게 할 뿐 반드시 해야 할 말까지 삼키는 사람은 아니었습니다.

그 시절 저는 진행을 특별히 잘하는 것도 아니었고, 무엇보다 제가 맡은 〈황정민의 FM대행진〉은 청취율이 높지 않았습니다. 개편 회의 때마다 부장은 '진행자인 황정민을 언제 바꿀까'를 단골 안건으로 올리곤 했지요. 저라고 마음이 편할 리 없었습니다. 그런데 모두가 묵묵히 듣고 있던 그 회의 자리에서 그가 나섰다고 합니다.

"3년만 마음 편하게 내버려두시죠. 판단은 그때 가서 하셔도 늦지 않습니다."

어린 후배였지만, 그의 말을 아무도 쉽게 넘기지 못했다고 해요. 평소 말이 많지 않은 사람인 데다 꼭 할 말만 하는 사람이라, 그가 하는 말에는 강한 힘이 있었거든요. 그 일이 있고 난 뒤 저는 여러 피디와 작가들의 도움으로 점점 자리를 잡아갔습니다. 청취율 1위를 달성하며 19년 동안 〈황정민의 FM대행진〉을 진행하는 장수 디제이가 될 수 있었던 것도 어쩌면 그 한마디 덕분이었을 겁니다.

요즘은 시즌제가 자리 잡았지만 예전에는 6개월마다 한 번씩 개편이 있었습니다. 진행자의 성장 가능성이나 개성이 드러날 때까지 기다려주는 여유는 많지 않았죠. 새 단장을 할 때 가장 먼저 거론되는 건 진행자입니다. 그만큼 눈에 잘 띄는 자리이기 때문입니다. 요즘은 그 주기가 더 짧아졌습니다. 그런 점에서 보면 저는 운이 좋은 사람이었죠.

그 피디도 함께 일한 지 6개월쯤 되었을 무렵 다른 프로그램으로 옮겨갔습니다. 마지막 회식 자리에서 그는 제 걱정을 한참 해주었어요. 마침 작가도 교체되는 상황이었기에 혹시 모를 부장의 압박이나 새로운 작가에 대한 염려를 제 입장에서 함께 고민해주었습니다.

그가 제 가능성을 높게 평가해서 그랬던 것이었을까요? 정확한 이유는 모르겠습니다. 하지만 힘든 시기를 잘 견딜 수 있게 도와준 사람임에는 틀림없습니다. 그래서 그가 떠난다고 했을 때, 마치 저를 보호해주던 따뜻한 보호막이 한 겹 벗겨지는 듯한 기분이 들었어요.

제가 명예퇴직을 하고 한참이 지난 뒤 다시 만났을 때, 그는 이렇게 말해주었지요.

"KBS 라디오에 많은 역할을 해주셨는데 너무 아쉽습니다."

그는 KBS 라디오의 대표도 아니었고 지금 책임 있는 직책에 있는 것도 아니었지만, 그 말 한마디로 제겐 충분했습니다. 나를 믿고 기다려준 그가 지난 세월 제 노력을 인정해준 것 같았거든요. 그래서 그 한마디로 저는 마음속에 남아 있던 아쉬움을 털어낼 수 있었습니다.

진중한 태도로 내면의 단단함을 보여주는 사람, 말수가 적은 사람, 꼭 할 말만 하는 사람. 그런 사람의 한마디는 이렇게나 힘이 셉니다.

해야 할 말과 하지 말아야 할 말을 가릴 줄 아는 분별력

아널드 슈워제네거의 〈터미네이터〉 시리즈는 여러 편이 제작되었지만, 저는 첫 번째 작품을 가장 좋아합니다. 기계에 맞서 미래의 지도자가 될 아이의 어머니 사라. 그녀를 지키기 위해 카일이 미래에서 찾아오고 마침내 터미네이터와의 한판 승부가 펼쳐지지요. 평범한 웨이트리스였던 사라는 죽음의 위협과 끈질긴 추격 속에서 점차 전사로 성장해갑니다. 일상의 틀 안에 갇혀 있던 인물이 운명과 마주하며 달라져가는 과정은 언제 보아도 강한 인상을 남깁니다.

　결국 혼자 남은 그녀는 아직 태어나지 않은 아이를 위해 녹음기를 들고 다니며, 미래의 지도자로 키우기 위한 이야기를 하나둘 남깁니다. 이 장면은 영화의 마지막에 아주 짧게 등장하지만, 그녀의 목소리와 그녀가 남긴 인상 깊은 대사는 깊이 각인되었어요. 그래서 오래도록 잊히지 않습니다.

　"해야 할 말과 하지 말아야 할 말을 가릴 줄 알아야 한다."

　뻔하고 단순한 대사 같지만, 말에 대해 깊은 통찰이 있는 사람이 아니면 쓰기 어려운 대사입니다. 말이 넘쳐나는 세상 속에서 해야 할 말과 하지 말아야 할 말을 가릴 줄 아는 분별력은 중요한 덕목 중 하나입니다. 더구나 무엇을 말할지보다 무엇을 말하지 않을지를 아는 일, 그것은 중요하면서도 결코 쉽지 않은 일이지요.

선택과 집중을 통해
말을 걸러내는 감각

　말에 대한 기준이 제대로 잡혀 있다면 인생이 훨씬 수월해질 겁니다. 저는 말에 대한 감각도 눈치와 관련이 있다고 느낍니다. 말을 잘하는 것도 중요하지만 그 자리에 어울리는 말은 따로 있잖아요. 판단이 서지 않으면 차라리 아무 말도 하지 않는 게 낫습니다. 남의 눈치를 살피라는 말이 아니라, 말을 걸러내는 감각이 필요하다는 뜻입니다. 글을 쓰고 책을 만들며 가장 정제된 말과 문장을 골라 편집하듯 말도 그렇게 한다면 얼마나 좋을까요.

말에 있어서 '선택과 집중'이란 때로는 침묵을 택하는 것이기도 합니다. 신뢰를 지키기 위해 삼켜야 하는 말들도 있으니까요.

비밀도 그런 경우입니다. "이건 비밀인데, 다른 사람에게 말하지 마."라고 굳이 말하지 않아도 본능적으로 그 이야기는 둘 사이에서 끝나야 하겠죠. 비밀을 공유하면 내적 친밀감이 깊어지지만, 비밀이 지켜지지 않는 순간 그 배신감은 커다란 상처가 됩니다. '아, 이 사람은 믿을 수 없는 사람이구나'라는 생각이 들게 되지요.

많은 분이 제게 비밀을 털어놓습니다. 왜 하필 저를 선택한 건지는 사실 잘 모르겠어요. 잘 들어줄 것 같아서일까요? 아니면 다른 사람에게 옮기지 않을 것 같아서일까요? 여러 가지 이유가 있겠지요. 어쨌든 세상에는 혼자 간직하기엔 너무 벅찬 이야기들이 있으니까요.

대부분의 사람은 자신의 이야기를 누군가에게는 털어놓고 싶지만, 다른 곳으로 퍼지는 건 원하지 않을 겁니다. 내가 없는 자리에서 가볍게 내 얘기가 오가는 걸 누가 좋아하겠습니까. 그래서 저는 비밀을 옮기지 않으려고 노력합니다. 아니, 그래야 한다고 생각합니다. 깊은 속내를 털어놓는 사람의 절박함과 무게를 마음으로 느끼기 때문이죠.

때로는 하고 싶은 말을 참는 것, 알고 있어도 침묵하는 것이 진정한 배려일 때가 있습니다. 말의 선택과 집중이란 결국 무엇을 말할지만큼이나 무엇을 말하지 않을지를 아는 일이기도 하니까요.

남편은 말을 참 재미있게 하는 사람입니다. 저도 그의 유머에 반해 결혼까지 하게 됐지요. 슬픈 이야기는 대부분 비슷한 지점에서 공감되지만 유머는 그렇지 않습니다. 웃음은 각자의 코드가 다르기 때문에 그 코드가 안 맞으면 정말 난감해지거든요. 게다가 말을 재미있게 하는 것의 맹점은, 덩달아 말실수도 많아진다는 점입니다.

가끔 남편의 말을 듣다가 '자기 얘기나 하지, 말하고 싶지 않은 내 이야기를 왜 저렇게 꺼낼까.' 이런 생각을 한 적도 많았습니다. 그 자리에서 화내기에는 너무 사소해 보여 그냥 넘겼지만, 사실 저는 큰일보다 오히려 사소한 말 한마디에 더 상처받는 스타일입니다.

그런데 남편만 그러는 걸까요? 그럴 리가요. 남편의 말을 들어보면, 저도 마찬가지입니다. 제가 농담처럼 던진 말에 그도 상처를 받았다는 걸, 나중에서야 알게 되기도 합니다. 우리는 서로에게 상처가 되는 말이 무엇인지도 모른 채 웃으며 비수를 날렸던 셈입니다.

말에도 선택과 집중이 필요합니다. 꼭 필요한 말만 남길 때 그 말은 더 강한 힘을 지니니까요.

나를 지키는
거절의 노하우

제가 말하기에 대한 강연을 하면 유독 사람들의 반응이 뜨거운 주제가 있습니다. 바로 '거절'에 대한 이야기입니다. 강연이 끝난 뒤 질문 시간에 가장 많이 받는 질문도 이와 관련된 것이었어요.

"황정민 아나운서는 거절을 잘하시나요?"

"거절을 못 해서 곤란했던 적은 없었나요?"

"거절한 뒤에 마음이 불편하면 어떻게 해야 하나요?"

반응이 뜨겁고 질문이 쇄도한다는 건 그만큼 많은 분이 거절을 어려워하고 있다는 방증이겠지요. 게다가 거절은 인간관계에서 가장 신중하고 어렵게 다뤄야 할 과제 중 하나이기도 합니다. 단순히 특정 사안에 대해 'NO'라는 의사표현을 하는 데서 끝나는 게 아니라 이후의 관계까지 고려해야 하니까요. 그래서 많은 사람이 거절의 말을 하지 못한 채 애매하게 웃거나, 시간을 끌거나, 결국은 억지로 받아들이곤 합니다.

특히 우리나라처럼 관계 중심적인 문화 속에서는 거절이 더더욱 조심스러운 일이 됩니다. 부탁을 뿌리치면 괜히 각박한 사람처럼 보일까 봐, 사이가 틀어질까 봐, 혹은 상대를 실망시킬까 봐 마음을 졸이게 되죠. 그래서 거절의 순간마다 '이 말을 해도 될까?', '내가 너무 이기적인 건 아닐까?' 같은 고민이 앞섭니다.

하지만 이때 놓치는 건 바로 자기 자신입니다. 자신을 보호하고 지키는 게 우선이라는 사실 말이에요.

무리한 부탁에는 어떻게 대응해야 할까?

꽤 오래전 친구 한 명이 갑자기 제게 전화를 걸어왔습니다.

"정민아, 나 마이너스 통장 하나만 만들게 도와줘."

차분히 생각하면 말도 안 되는 얘기지만 갑자기 훅 들어온 친구의 부탁에 저는 적잖이 당황했습니다. 그래도 친한 친구 중 하나였는데, 제 이름으로 자신이 쓸 마이너스 통장을 만들어 달라는 겁니다.

"넌 통장만 만들어주면 돼. 돈은 내가 알아서 갚을 거니까 걱정하지 말고."

그 부탁을 받고 당시 제 마음속에서는 수많은 생각이 오갔습니다. '친구 부탁인데 들어줘야 할까?' '아냐, 통장을 대신 만드는 건 너무 이상한 일이야.' '만일 거절하면 어떻게 될까? 내가 너무 몰인정한 사람으로 보이려나?'

이렇게 난처한 부탁을 받았을 땐 어떻게 대처해야 할까요? 예전의 저라면 관계가 어색해질까 두려워 저도 모르게 부탁을 들어줬을지도 모릅니다.

당시 제 대처는 '즉답을 피하는 것'이었어요. 당장 대답하지 않고, "생각 좀 해볼게."라고 말하며 시간을 벌었습니다. 서둘러 답하면 후회되는 답변을 할 가능성이 높기 때문입니다. 상대의 말에 바로 끌려가지 않고 판단의 시간을 갖는 것, 그것만으로도 내 마음을 지키는 1차 보호선을 만들 수 있습니다.

시간을 갖고 생각해본 후 저는 정중하지만 단호하게 말했습니다. "도움을 주고 싶지만 어렵겠어. 이해해줘." 이유를 구구절절 대지 않았습니다. 왜 거절할 수밖에 없는지 장황한 설명을 하다 보면 변명을 늘어놓게 되고, 오히려 친구의 감정을 상하게 할 것 같았거든요.

상황에 따라서 간단한 이유 정도는 설명하는 게 필요할 때도 있지요. 하지만 이 경우처럼 명백히 부적절한 부탁에는 단호한 거절이 더 낫겠다고 판단했습니다.

우리는 흔히 거절할 때 상대 마음을 상하지 않기 위해 거절하는 이유를 자세히 설명해야 한다는 압박을 느끼곤 합니다. 그래서 이런 식으로 말하게 됩니다.

"나는 친구한테는 돈을 빌려주지 않는 게 내 인생 철칙이야. 돈 빌려주고 친구 잃고 우리 사이에 그런 일이 생기면…."

"예전에 비슷한 일로 곤란했던 적이 있어서 망설여져. 그리고 실은 나도 경제적인 형편이 썩 좋진 않거든. 우리 시댁에서 얼마 전에 돈을 좀 빌려가셨는데…."

이런 식으로 사연이 늘어지면 괜한 변명처럼 들리고 거절이 깔끔하지 않습니다. 들어주지 않을 일이라면 "미안하지만 그건 안 되겠어." "그 부탁은 내가 들어줄 수 없네." 이런 정도의 담백한 말로 의사를 분명하게 전달하는 게 서로에게 더 좋을 수 있습니다.

물론 모든 상황이 이처럼 단호한 선 긋기만으로 해결되는 건 아닙니다. 부탁의 무게가 다르고, 상대와의 관계가 다르고, 전해야 할 말의 성격이 다르기 때문이지요. 그래서 거절에도 조금 더 섬세한 접근이 필요합니다. 이럴 때 유용한 것이 바로 '3S 기법'인데요, 이는 뒤에서 좀 더 자세히 살펴보도록 할게요.

관계를 지키는 거절, 경계를 세우는 말하기

우리는 종종 거절을 '관계를 끊는 말'로 오해합니다. 거절의 말 때문에 사이가 틀어질까 봐, 나쁜 사람처럼 보일까 봐 걱정을 하곤 하지요. 하지만 거절은 관계를 해치는 말이 아니라 오히려 관계를 지키는 기술이 될 수 있습니다.

거절은 단순한 '거부'가 아니라 안전 지대 확보를 위한 '선 긋기'입니다. 내가 지금 감당할 수 없는 것을 정중하게 말하는 일, 나의 한계를 알리는 일, 그리고 상대와의 거리를 건강하게 조율해가는 일이죠. 거절은 타인을 향한 메시지인 동시에 나 자신을 보호하기 위한 선택이기도 합니다.

이러한 거절의 의미를 다시금 생각해보게 한 드라마가 있습니다. 〈언젠가는 슬기로울 전공의생활〉을 보던 중 인상 깊은 장면을 마주했어요.

1년 차 레지던트 엄재일은 자신을 배려하고 실수를 감싸준 3년 차 기은미 선배에게 진심으로 고마움을 느끼며 자신도 그런 선배가 되리라 다짐합니다. 그러던 어느 날 그에게도 인턴 후배가 생기고 같은 상황이 찾아오지요. 인턴이 실수하고 업무를 누락해도 그는 나무라지 않습니다. 자신의 선배가 그랬듯 "그럴 수도 있지."라며 인턴을 따뜻하게 감싸줍니다. 그뿐만이 아니에요. 심지어 인턴의 일까지 대신해주며 여러모로 마음을 써줍니다.

1년 차 레지던트의 말과 행동에는 후배에 대한 배려와 포용의 마음이 가득했지만, 돌아온 반응은 예상 밖이었습니다. 인턴은 고마워하기는커녕 선배를 만만하게 여기며 그 상황을 이용하려 듭니다. 일부러 일을 떠맡기고 심지어 뒤에서 비웃기까지 합니다. 그 일로 상처 입고 혼란에 빠진 엄재일에게 4년 차 구도원 선배는 이렇게 말합니다.

"넌 착해서 은미의 선의를 고마움으로 받아주는 그런 사람이니까. (…) 세상에, 아니 이 병원에 그런 사람은 별로 없어. 보통은 이용해 먹거나 만만하게 본다고."

이 짧은 대사는 사람 사이의 기대와 현실의 간극을 정확히 꿰뚫습니다. 우리는 종종 '내가 선의를 베풀면 상대도 같은 마음으로 받아줄 것'이라는 기대 속에 살아갑니다. 하지만 그 반대의 경우도 생기곤 하죠. 잘해준다고 해서 반드시 고마워하는 건 아닙니다. 선의를 선의로 받아들이는 사람이 있는가 하면, 그 선의를 악용하며 상대에게 상처를 주는 사람도 있습니다.

그래서 무작정 상대 요구에 응할 것이 아니라 내 시간과 감정을 지키기 위한 거절이 필요합니다. "아니요."라고 말할 수 있어야 정말 내가 지켜야 할 것에 집중할 수 있습니다.

물론 거절에도 기술이 필요합니다. 부탁을 하는 사람은 상처받기 쉬운 상태일 수 있으니 거절할 때는 말의 방식이 중요하겠죠. 단호함과 배려, 이 두 가지가 균형을 이뤄야 정중한 거절이 가능합니다.

또한 반대 입장에서 우리가 누군가에게 거절당했을 때도 마찬가지입니다. 그 거절을 '나'라는 사람 자체에 대한 부정으로 받아들이면 곤란하겠죠. 거절은 관계의 단절이 아니라, 상황에 대한 판단이고 자기 한계를 알리는 신호일 뿐입니다. 상대에게도 분명한 이유와 감정이 있다는 걸 이해한다면, 거절은 오히려 관계를 지키는 선택이 될 수 있습니다.

상대의 감정을 존중하며
내 입장을 분명히 전하는 '3S 기법'

그렇다면 구체적으로 어떻게 거절해야 할까요? 단순히 "안 됩니다."라고 말하는 것을 넘어 좀 더 세심한 접근이 필요합니다. 특히 업무에서 어쩔 수 없이 부정적인 이야기를 전해야 할 때가 생기죠. "안 됩니다", "불가능합니다"처럼 부정적인 결론부터 통보하면 상대는 마치 무시당했다는 느낌을 받을 수 있고, 방어적이거나 공격적인 반응으로 이어질 수도 있습니다.

이럴 때 도움이 되는 것이 바로 맥킨지식 커뮤니케이션 전략인 '3S 기법'입니다. 'Situation, Sorry, Suggest'의 세 단계로 구성된 이 방식은 거절을 보다 정중하고 효과적으로 할 수 있도록 도와주죠. 단순하게 'No'를 전하는 것이 아니라, 상대방이 수긍할 수 있는 맥락을 함께 제공하는 것이 핵심입니다.

간단한 예를 통해 3S 기법을 가볍게 살펴볼까요? 가게를 운영하는 친구가 돈을 빌려달라고 부탁하는 상황입니다.

첫째, 'Situation' 단계에서는 상대의 처지를 이해하고 공감하는 말을 건넵니다. "요즘 장사 안돼서 많이 힘들지? 경기는 안 좋은데 지출은 많고, 마음고생 많았겠다." 상대가 처한 상황을 먼저 인정해주는 말 한마디는 그 자체로 마음을 풀어주는 힘이 있습니다. 공감은 말의 온도와 거절의 벽을 조금 낮추는 좋은 출발점이 되지요.

둘째, 'Sorry' 단계에서는 거절의 이유를 단호하면서도 진심을 담아 전해야 합니다. "정말 미안한데, 나도 요즘 여유가 없네." 이때 중요한 건 변명처럼 들리지 않도록 사실 그대로, 솔직하게 말하는 거예요. 애매하게 둘러대면 오해를 살 수 있고 관계도 더 어색해질 수 있습니다.

셋째, 'Suggest' 단계에서는 상대에게 현실적인 대안이나 관계의 여지를 남기는 태도가 필요합니다. "혹시 소상공인 대상 대출 알아봤어? 요즘 정부나 지자체에서 저금리로 도와주는 프로그램이 있는 거 같은데 나도 좀 찾아볼게." 거절이 곧 관계의 종료가 되지 않도록 다른 방향의 도움을 제안하는 것이 이 단계의 핵심입니다. 비록 직접적인 도움은 줄 수 없지만, 다른 방식으로라도 힘이 되고 싶다는 마음을 보여주는 거죠.

3S 기법은 일상적인 대화 상황은 물론이고 팀이나 조직 앞에서 공식적으로 스피치를 해야 하는 순간에도 유용하게 활용할 수 있습니다. 상대의 감정을 존중하면서도 내 입장을 분명히 전하고 싶을 때, 불편한 요청을 부드럽게 거절하고 싶을 때 활용하면 도움이 됩니다.

거절은 관계를 끊는 말이 아니라 관계를 지키기 위한 말의 기술이며 나를 보호하는 최선의 선택입니다. 어디선가 들었던 격언이 떠오르네요.
"다른 사람에게 '예스'라고 하면서 당신 자신에게 '노'라고 말하지 말라."

상황 말고
나에게 집중하는 법

　오랜 직장생활 동안 좋은 선배들도 많이 만났지만, 기억하기 싫은 상사들도 있었습니다. 어떤 상사는 도무지 이해할 수 없는 방식으로 사람을 대했습니다. 제가 하는 일을 사사건건 트집 잡고 못마땅해했습니다. 일을 얼마나 열심히 하든 결과가 아무리 잘 나오든, 그에게는 그런 것들이 전혀 중요하지 않아 보였어요.

　결국 제가 받은 인사고과는 최저점. 도무지 받아들이기 어려웠습니다. 새벽부터 늦은 밤까지 방송을 진행하고 고군분투한 날들이 한순간에 무시당한 듯한 기분이었지요.

'이런 대접을 받으면서까지 회사를 다녀야 하나? 차라리 이 일을 계기로 회사를 그만두고 이 부당함을 세상에 알리고 싶다.' 그런 생각이 절로 들었습니다.

너의 리듬에 맞춰 살아가면 돼

속상한 마음을 선배에게 털어놓았습니다.

"저 진짜 일은 일대로 힘들게 하는데, 자기 눈앞에 앉아서 일하지 않는다고 인사고과 최저점으로 주면 저는 어떻게 해야 하는 거예요?"

참았던 말들이 폭포수처럼 쏟아졌습니다. 억울하고 속이 상해 눈물이 날 것 같았거든요. 마음속에만 담아두기엔 버거워 선배에게 하소연을 했던 거예요. 제 말을 다 듣고 난 선배는 이렇게 말했습니다.

"그럼에도 불구하고, 너는 너의 리듬에 맞춰 춤을 춰야 해."

'아니, 이 무슨 태평한 소리람.'

처음엔 그 말이 너무 추상적인 데다 태평한 소리로 들렸습니다. 힘들어 죽겠는데 춤을 추라니요. 마치 고통을 무시하라는 말처럼 들리기도 했어요. 그 말을 곱씹는 데는 시간이 좀 걸렸습니다. 그리고 머잖아 깨달았지요. 그 말은 나를 괴롭히는 사람에게 끌려가지 말라는 뜻이었어요. 억울함에 휘둘려 내가 나를 놓치지 말라는 뜻. 다른 누가 나를 어떻게 평가하든, 그 사람의 시선이 내 박자를 흔들게 두지 말라는 격려였던 거죠.

그맘때쯤 영화 〈인크레더블〉을 보았는데, 희한하게도 당시 저의 힘겨운 상황이 겹쳐 보였습니다.
"세상을 아무리 여러 번 구해도 다시 위험에 빠지더군요. 가끔은 구한 채로 놔뒀으면 좋겠어요. 잠깐만이라도요. 마치 청소부 같아요."
그 대사를 듣는 순간 "맞아, 정말 그래."라는 말이 불쑥 튀어나올 정도였지요.

살다 보면 정말 그렇습니다. 하나의 고비를 넘겼다고 생각한 순간, 또 다른 고비가 불쑥 찾아오곤 하니까요. 가까스로 A 같은 사람을 피했다고 안도한 순간, 또 다른 곳에서 A-1나 A-2를 만나는 일도 흔합니다. 마음을 다잡고 겨우겨우 피했는데 또 다른 형태의 빌런을 마주하게 되는 겁니다. 열심히 청소를 해도 다시 쌓이는 먼지처럼요.

 물론 그들을 모두 '악인'이라 단정 지을 수는 없을지도 모릅니다. 다만 분명한 건, 그들은 저와는 너무도 다른 리듬을 가진 사람들이라는 사실입니다. 그리고 억지로 리듬을 강요하고 거기 맞추지 않는다며 저를 힘들게 했고요.
 세상에는 그런 식으로 이상한 박자에 타인을 끼워 맞추려 하거나, 다른 이의 템포를 흐트러뜨리고도 당연하다는 듯 말하는 이들이 생각보다 많습니다. 그뿐인가요. 빌런 A를 피하면 빌런 B가 대기하고 있기도 합니다. 참 야속한 일이죠. 하지만 그게 현실입니다. 그러니 대응력을 키우는 수밖에요. 이렇게 다짐하면서.
 '이 또한 지나간다. 상황 말고 나에게 집중하자.'

 결국 견뎌야 할 것은 사람이 아니라, 그 사람 때문에 요동치는 제 마음이라는 걸 알게 되었습니다. 물론 가만히 당하고만 있으라는 말은 아니에요. 다만 누가 어떻게 말하든 어떤 방식으로 나를 판단하든, 그 시선에 내 리듬을 맡겨선 안 된다는 뜻이지요. 살아가는 중심은 그 누구도 아닌 나에게 두어야 합니다. 진짜 중요한 건 내가 내 발을 딛는 자리를 알고, 내가 내 박자를 잃지 않는 것이니까요.

그래서 이런 생각을 하게 되었습니다. 언젠가 또다시 부당한 일을 겪더라도, 억울하고 서러운 일이 반복되더라도, 나만의 리듬에 맞춰 춤을 추겠다고. 나를 흔들며 반응을 살피는 빌런 앞에서도 아무렇지 않게 코웃음을 칠 수 있는 사람이 되고 싶다고.

아무 일도 아니라는 듯 내 리듬을 지켜내는 그 단단함이야말로 진짜 복수라는 걸, 이제는 저도 조금은 알 것 같습니다. 누군가가 내 삶의 템포를 깨뜨리려 해도 내 리듬을 잃지 않고, 나만의 박자로, 나만의 무대 위에서 춤을 추듯 살아가고 싶습니다.

나를 응원하고 지켜내기 위해 자신의 서포터즈가 되어라

이렇게 나만의 리듬을 지키기 위해서는 무엇보다 나 자신이 나를 잘 챙겨야 한다는 걸 깨달았습니다. 그 리듬을 지켜주는 것이 바로 제게는 운동, 독서, 여행입니다. 이 세 가지는 제 삶에서 가장 중요한 자기 돌봄의 카테고리입니다. 누군가가 내 박자를 어지럽히려 할 때, 저는 이 세 가지를 통해 다시 중심을 잡습니다. 살아가며 나만의 리듬을 지킨다는 것은 곧 나를 지켜내는 힘을 갖는다는 의미니까요.

운동은 단지 건강을 위한 활동이 아닙니다. 시간을 미리 사두는 일이라고 저는 생각해요. 20대의 운동은 30대를, 30대의 운동은 40대를 위한 것입니다. 몸은 아주 정직해서 내가 어떻게 살아왔는지를 그대로 보여주기 때문이죠. 그만큼 운동은 정말 중요합니다.

그래서 저는 시간을 핑계 삼지 않기로 했습니다. "시간이 없어서 운동을 못 한다."는 말은 결국 평생 하지 않겠다는 뜻일 수도 있으니까요.

방송 쪽 일은 늘 바쁘지만, 가끔은 갑작스레 프로그램이 종료되거나 쉬게 되는 시간이 주어지기도 합니다. 다른 직장인들은 "여유가 있어 좋겠다."고 말하기도 하지만, 프로그램에서 잘린다는 건 솔직히 참혹한 경험입니다. 존재가 지워지는 듯한 공허함이 밀려오기도 하죠.

저는 그 공백을 '충전의 시간'으로 바꾸기로 했습니다. 다음

기회가 왔을 때 밤을 새워도 괜찮을 만큼의 체력을, 그리고 오래 가는 내공을 쌓기 위해서입니다. 여유, 친절, 배려도 체력에서 나옵니다. 마음이 먼저라고 하지만 체력이 받쳐줘야 마음도 힘을 내거든요.

독서는 제게 또 다른 자기 돌봄입니다. 처음엔 방송 멘트를 준비하기 위해 책을 읽었습니다. 마음에 드는 문장이 있으면 필사해두었다가 프로그램에서 인용하곤 했죠. 그런데 어느 순간 알게 됐습니다. 그것은 단지 겉으로 드러난 목적일 뿐, 저는 그보다 훨씬 오래전부터 그냥 책을 좋아하는 사람이었다는 걸요.

책을 읽다가 어느 순간 이야기에 깊이 몰입되는 감각, 그건 마치 '러너스 하이'(달리기를 계속할 때 뇌에서 엔도르핀이 분비돼 고통을 잊고 황홀감에 빠지는 상태)와도 같아요. 현실의 소음이 멀어지고, 페이지마다 이어지는 문장 속에서 나 자신이 살아나는 기분. 책 한 권 안에 누군가의 인생이 통째로 담겨 있고, 그 안에 나에게 꼭 필요한 문장이 있다는 사실은 여전히 놀랍고 벅찹니다. 그런 리듬을 느낄 수 있다는 것만으로도 독서는 제 삶에 꼭 필요한 루틴입니다.

마지막으로 여행. 꼭 멀리 떠나야만 여행이 되는 것은 아닙니다. 낯선 동네를 걷는 것만으로도 저는 숨이 트입니다. 세상의 속도에 밀려 내 박자를 잃어버렸다고 느낄 때, 짐을 싸서 길을 나서거나 운동화 끈을 묶고 동네를 걷는 것만으로도 살아있음을 다시금 느낍니다. 낯선 길 위에서 저는 제 안의 리듬을 다시 들을 수 있게 됩니다.

이 세 가지는 저만의 방식입니다. 다른 이들에겐 각자의 방식이 있겠죠. 만약 없다면 한번 찾아보는 건 어떨까요? 자신을 위로하고 보듬어줄 수 있는 자기만의 휴식처, 힐링 포인트를 찾아 자신을 서포트하는 겁니다.

누구에게나 자신만의 리듬이 있습니다. 몰입할 수 있는 무언가, 자기 자신을 버텨내게 하는 습관 하나만 있어도 괜찮아요. 나를 지키고 견뎌내는 힘은 거창한 데서 나오는 게 아니니까요. 청소해둔 집이 다시 어지럽혀지듯 내일 또 우리를 괴롭히는 누군가를, 힘들게 하는 무언가를 만날 수도 있겠지요. 그런 현실 안에서도 나만의 템포와 리듬을 지켜내는 것, 그게 결국 춤추듯 삶을 살아내는 방법 아닐까요.

삶을 풍요롭게 채워주는
다양한 색깔의 이야기꾼

"너 진짜 말 재미있게 한다!" 혹시 이런 말을 들어본 적 있나요? 아니면 반대로 누군가의 이야기를 듣다가 '어쩜 저렇게 말을 재밌게 하지?' 하고 감탄한 적은요?

제 주변에는 말 잘하는 사람이 많아서 저는 후자에 가까운 편입니다. 어떤 친구는 같은 일을 겪었는데도 훨씬 더 맛깔나게 요리해서 들려주고, 어떤 친구는 말 한마디로 새로운 관점을 열어줍니다. 또 누군가는 복잡한 개념도 쉽게 설명해주고요. 제 주변에는 이처럼 다양한 이야기꾼이 아주 많습니다.

콘텐츠를 맛깔나게 살려내는 스토리텔러형

　재밌는 이야기가 끊이질 않는 스토리텔러형 이야기꾼은 참 매력적입니다. 제가 아는 언니가 바로 그런 사람이에요. 언제 그렇게 시간을 내는지, 다양한 유튜브 콘텐츠와 예능을 섭렵했거든요. 그런데 단순히 '많이 보기만 하는 사람'은 아닙니다. 그 언니는 흥미를 느낀 콘텐츠를 생동감 있게 풀어내는 솜씨가 탁월해요. 이야기의 맥락과 감정을 살리는 능력이 워낙 뛰어나서 듣고 있으면 마치 제가 직접 보고 겪은 것처럼 생생해집니다.

　같은 상황이라도 언니의 입을 거치면 전혀 다른 빛깔로 살아납니다. 저도 분명 비슷한 경험을 했는데 그 언니가 말하는 이야기를 듣다 보면 감탄하게 돼요. 제 기억 속에서는 흑백이었던 장면이 언니의 말 한마디에 빨강, 초록, 파랑으로 다시 칠해지는 느낌이랄까요. 콘텐츠를 수집하는 능력과 그것을 맛깔나게 요리해 들려주는 스토리텔링의 조화. 그 언니를 볼 때마다 '타고난 이야기꾼이란 이런 사람을 두고 하는 말이구나' 하게 됩니다.

산만하게 흩어진 이야기를
깔끔하게 정리해주는 플래너형

여러 이야기가 뒤섞인 대화도 체계적으로 정리해주는 사람이 있어요. 김 선배가 바로 그런 분이에요.

"정민아, 그 책 이번 주 안에 너한테 보낼게." "오늘 밤까지 그 전화번호 나한테 문자로 보내줘." 대화가 끝날 때면 늘 이렇게 깔끔하게 정리해주거든요. 짧은 전화 통화 후에도 "다음에 우리가 만날 때까지 네가 이것저것을 확인해주면 좋겠다. 나는 이런저런 일을 준비해서 나갈게." 하며 잊지 않고 다음에 해야 할 일들을 짚어줍니다.

같은 회의에 참석해도 사람마다 기억하는 부분이 다르잖아요. 저처럼 기억이 흐릿한 사람에게 김 선배는 정돈된 플래너 같은 존재입니다. 그래서 선배와 대화를 하거나 통화를 하고 나면 마치 회의를 끝낸 것처럼 머릿속이 명쾌해져요. 필요한 말을 정확하게 전달하고, 해야 할 일을 깔끔하게 정리해주는 선배의 말투와 태도는 언제나 든든하게 느껴집니다.

말에는 군더더기가 없지만 그 안에는 저를 챙기려는 따뜻한 마음이 담겨 있다는 것을 알기 때문입니다.

새로운 세계의 문을 열어주는 탐험가형

제가 잘 모르는 분야를 소개해 시야를 넓혀주는 탐험가형 이야기꾼도 대환영입니다. 그런 사람들은 새로운 분야에 도전하면서 그 경험을 생생하고 흥미롭게 전해주는 능력이 탁월해요.

제 주변에는 늘 새로운 걸 배우는 후배가 있어요. 한동안은 캘리그래피와 테니스에 빠져 있더니, 최근에는 그림 그리기와 마라톤으로 관심 영역을 넓혔더라고요. 그 열정이 정말 대단합니다. 물론 완벽하게 마스터한 건 아니지만 그래도 괜찮아요. 새로운 시도를 통해 얻은 신선한 경험과 지식을 들려주는데, 제겐 그 이야기들이 참 흥미롭게 다가오거든요.

저는 '뭐 하나 해볼까?' 하고 늘 머릿속으로만 망설이는 게으른 완벽주의자예요. 그런 저에게 새로운 일에 끊임없이 도전하는 열정 파이터 혹은 탐험가들의 이야기는 정말 소중한 자극제입니다. 곁에 있으면 덩달아 도전 의식이 생기고 새로운 세계를 엿보는 재미까지 느낄 수 있거든요.

고개를 끄덕이며 들어주기만 해도
힘이 되는 치유자형

아무 말이 없어도 옆에만 가면 마음이 풀리는 그런 사람이 있죠. 치유자형 이야기꾼은 그런 존재입니다. 꼭 무언가를 해결해주지 않아도 괜찮아요. 진심으로 들어주는 것만으로도 위로가 되니까요.

저에게도 그런 선배가 몇 분 있습니다. 힘들거나 억울한 일이 생기면 이상하게도 그분들 중 한 명에게 전화를 걸고 싶어져요. 무슨 말을 할까 준비하지 않아도 괜찮아요. 그냥 제 속상한 이야기를 쏟아내고 나면 마음이 훨씬 가벼워집니다.

"그랬구나, 네가 그럴 수밖에 없었겠다."

그 한마디면 충분합니다. 다정한 마음으로 내 이야기를 들어줄 사람이 있다는 건 정말 큰 행운이에요.

치유자형 이야기꾼의 말에는 판단이 없고, 조언보다 공감이 앞섭니다. 그런 사람과 대화를 하고 나면 해결되지 않은 문제조차 덜 중요하게 느껴지고, 마음 깊은 곳이 따뜻하게 데워지곤 합니다.

이야기를 잘한다는 건 꼭 재밌게 하거나 유창하게 말하는 것만은 아닐 거예요. 누군가의 아픈 마음을 조용히 감싸주고,

스스로 풀어낼 수 있게 기다려주는 것. 그 또한 아주 특별한 이야기 방식이라고 생각합니다.

모르는 사실을 쉽게 설명해주는 지식 전달자형

어려운 이야기를 쉽게 풀어내는 지식 전달자형 이야기꾼도 정말 매력적이에요. 정재승 박사님이 바로 그런 분이죠. 뇌과학자인데도 과학을 우리 실생활 속 사례로 쏙쏙 끌어와 알기 쉽게 풀어내줍니다.

예를 들어 "비데를 우리 생활에 어떻게 활용하면 좋을까요? 휴지를 먼저 쓰고 비데를 틀어야 할까요, 아니면 반대로 해야 할까요?" 같은 질문을 던지면서 과학적 근거로 그 이유까지 설명해주시거든요.

이런 분들은 학술서나 논문을 바탕으로 깊이 있게 공부하면서도 복잡한 과학 이론을 일상의 언어로 번역해주는 능력이 탁월해요. '어떻게 하면 사람들에게 일할 의욕을 불러일으킬 수 있을까' 같은 주제도 과학적 배경을 근거로 풀어주는데, 어려운 지식을 일상의 삶과 연결해서 들려주니 흥미롭고 재미있지요.

〈알아두면 쓸데없는 신비한 잡학사전〉 같은 방송에서 들려주는 이야기들도 마찬가지예요. 듣고 나면 삶을 바라보는 시선이 조금 더 풍요로워지는 느낌입니다. 정말 타고난 과학 커뮤니케이터라는 생각이 들어요.

이렇게 서로 다른 색깔을 가진 사람들 덕분에 제 일상은 훨씬 더 다채로워지고 있습니다. 누군가는 경험을 재미있게 포장해서 선물처럼 건네주고, 누군가는 흩어진 생각들을 반듯하게 정리해주죠. 또 누군가는 미지의 세계로 안내하고, 누군가는 일상을 잘 견딜 수 있게 도와줍니다. 그리고 누군가는 어렵고 복잡한 이야기를 쉽고 흥미롭게 전달해줍니다.

각자만의 방식으로 이야기를 나누는 사람들과 함께하는 시간이 참 좋습니다. 살면서 우리는 한정된 세계만을 체험할 수밖에 없잖아요. 하지만 이런 이야기꾼들 덕분에 저는 조금씩 다른 세계를 간접 체험하며 살아갑니다. 그렇게 쌓인 자극들이 모여 일상이 조금 더 재미있어지고 있습니다.

> 누구에게나 자신만의 리듬이 있습니다.
> 몰입할 수 있는 무언가, 자기 자신을 버텨내게 하는
> 습관 하나만 있어도 괜찮아요.
> 나를 지키고 견뎌내는 힘은 거창한 데서 나오는 게 아니니까요.

CHAPTER IV

성장, 변화, 실천의 말

"말을 통해 또 다른 나를 만나고
다채로운 세상을 발견합니다"

취향이라는 이름의
자기 탐색

프랑스 영화 〈타인의 취향〉의 주인공은 기업체 사장인 카스텔라입니다. 보수적이고 단순한 취향을 지닌 중년 남성인 그에게 '예술', '문학', '음악'은 그저 낯설고 불편한 세계일 뿐이었습니다. 문화는 늘 타인의 것이었고, 미술관에 가는 일이나 연극 관람은 사회적 예의를 위한 통과의례에 가까웠죠.

그러던 어느 날 조카가 출연하는 연극 〈베레니스〉를 보러 가게 됩니다. 기대 없이 마주한 무대에서 그는 뜻밖에도 주연 배우 클라라의 연기에 마음을 빼앗깁니다. 언제부턴가 무심히 지나쳐왔던 단어들이, 그날 밤에는 가슴 깊숙이 파고들었죠.

낯설고 어려운 예술은 그저 '타인의 취향'이라며 비껴가던 그가 처음으로 자신에게 묻기 시작합니다.

'나는 왜 이토록 무채색으로 살아왔을까?'

좋아하는 게 뭔지도 모르고 그냥 살아온 시간. 남들이 정해놓은 기준 안에서 그저 맞춰진 역할에만 익숙해진 사람. 클라라를 통해 예술의 세계를 조금씩 받아들이기 시작한 카스텔라는 연극과 미술을 사랑하게 되고, 자신만의 취향을 찾아갑니다.

혹시 당신은 어떤가요? 정말로 '내가' 좋아하는 것들로 채워진 삶을 살고 있나요? 아니면 여전히 타인의 기준과 시선 속에서 무채색 일상을 반복하고 있나요?

취향은 내가 누구인지를 말해주는 정보

저 역시 취향이라는 건 여유 있고, 어느 정도 레벨 이상의 사람들만 누릴 수 있는 사치라고 생각했습니다. 마치 탁구공을 받아치듯 나에게 주어진 일들을 감당하는 것만으로도 하루하루가 버거웠기 때문이죠. 그래서 저는 제가 무엇을 좋아하는지 잘 알지 못했습니다. 마음속을 들여다볼 여유조차 없었으니까요. 기껏해야 "여행 좋아해요", "영화 좋아해요" 정도가 제 취향을 나타내는 말의 전부였죠.

신작 영화가 나오면 일주일에 두 편 정도는 영화관에서 보던 저는, 아이들을 키우면서 1년에 한두 번 영화관에 가는 정도가 되었습니다. 물론 넷플릭스와 수많은 OTT가 생긴 것도 이유겠지만요. 여행도 마찬가지였습니다. 새로운 문화를 체험하기보다는 피곤한 남편과 아이들이 쉬기 좋은 곳에서 보내는 '휴양형 여행'이 10년째 이어졌습니다.

그렇게 점점 나 자신을 잊고 살게 되었지만, 아이들을 바라볼 때는 전혀 다른 감정이 들었어요. 아이들을 보고 있자면 뚜렷한 욕망도, 마음속에 그려놓은 그림도 없어 보일 때가 있습니다. 공부를 열심히 해서 좋은 대학에 가겠다는 의욕도, 자신만의 진로를 또렷하게 설계한 모습도 왠지 보이지 않는 듯했어요.

그럼에도 제 방식을 강요하고 싶진 않았습니다. 지금까지 제가 살아온 세상과는 전혀 다른 세상이 곧 펼쳐질 텐데 제 방식을 고집하는 게 맞을까, 하는 의문이 들었기 때문이에요. 말 잘 듣는 아이보다는 스스로 자기 삶을 책임지는 자생력 있는 아이로 키우고 싶었거든요. 자신만의 확장된 여백을 가진 그런 사람으로요. 그래서 아이들이 스스로 생각할 수 있도록 이런 질문을 자주 던졌습니다.

"너는 어떤 것에 관심 있어?"

"뭐 할 때 제일 즐거워?"

"나중에 뭘 하고 싶어?"

"너 자신한테 끊임없이 물어봐야 해. 네가 뭘 좋아하는지."

이런 질문들이 제 입에서 나오던 순간, 문득 제 성장기를 떠올렸습니다. 모든 게 막연하던 시절, 텔레비전에 나오는 사람들은 반짝반짝 빛나 보였고 저도 그들처럼 멋지게 뉴스를 진행하거나 토크쇼를 만들어보고 싶다는 생각을 했었죠.

다행히 저는 운이 좋았고 그 자리에 설 수 있었습니다. 하지만 방송국이 어떤 곳인지 미리 알았더라면, 그리고 방송의 미래가 어떻게 저물어갈지를 예감했더라면, 아마 저는 다른 길을 택했을지도 모릅니다.

지금은 AI의 급속한 발전과 함께 디지털 전환이 이루어지는 격변의 시대입니다. 그뿐인가요. 기후 변화, 초고령화, 글로벌 불확실성까지, 아이들이 살아갈 10년 후의 세상은 저로서는 상상하기조차 어렵습니다. 지금 유망해 보이는 직업도, 반짝이는 트렌드도 순식간에 사라질 수 있는 시대니까요. 그렇다면 그런 변화 속에서도 견뎌낼 수 있는 일을 선택하는 능력이 필요할 겁니다. 본인이 진심으로 좋아하고 지켜내고 싶은 것을 찾아내는 감각 말입니다.

"무얼 좋아하세요?"라는 낯선 질문 앞에서 우린 어떤 대답을 할 수 있나

아이들에게는 자기 인생에 대한 진지한 고민을 하라는 의미에서 질문을 자주 던졌던 저인데, 정작 저 자신에게는 그런 질문을 던진 적이 없습니다. 그걸 아주 우연한 기회에 깨달았죠.

오랫동안 하던 일을 그만두고 다시 스타트 라인에 서게 되었습니다. 홈쇼핑이라는 새로운 일에 도전했어요. 방송을 앞두고 만난 사전 미팅 자리에서 사람들이 저에게 묻더군요.

"무얼 좋아하세요?"

"앞으로 어떤 일을 하고 싶으세요?"

"돈을 많이 벌고 싶으세요, 아니면 품위 있는 방송을 하고 싶으세요?"

그 질문들은 저를 몹시 당황스럽게 했습니다. '아, 이런 질문을 나 자신에게 해본 게 언제였더라.' 대체 나는 무엇을 좋아하고, 앞으로 어떤 일을 하고 싶은 걸까? 솔직히 말해 쉽게 답을 찾을 수 없었습니다. 평소 자신에게 그런 질문을 거의 하지 않고 살았으니까요.

직장에 다니고 아이를 키우며 열심히 살았어요. 힘들어도 부지런을 떨었고 언제나 가족의 필요를 먼저 챙겼습니다. 내가 좋아하는 메뉴보다 아이들이 좋아하는 음식을 택했고, 내가 쉬고 싶은 방식보다는 아이들이 즐거워할 일정을 먼저 계획했지요. 오랜 시간 가족의 요구에 맞춰 살다 보니 어느새 '나'는 저만치 멀어져 있었습니다.

선택할 자유가 없었던 건 아니지만, 일상의 습관에 갇혀 '나'를 돌아볼 생각조차 하지 않고 살아왔던 것 같습니다. 나의 취향, 나의 기쁨, 나의 여유는 어느 순간부터 조용히 삶에서 빠져 있었던 거예요.

다시, 사람들은 저에게 묻습니다.
"무얼 좋아하세요?"

그 질문이 저는 아직도 낯설기만 합니다. 하지만 이제는 압니다. 취향은 단순한 소비 성향 같은 것이 아니라는 것을요. 내가 무엇을 좋아하고 무엇을 불편해하는지 스스로 인식하는 감각이라는 것을요. 결국 그것은 '나'라는 사람을 더 깊이 이해하고자 하는 자기 탐색의 시작이기도 합니다.

취향은 가치관과 연결되고 삶의 태도와 맞닿아 있습니다. 그리고 그 뿌리는 타인과의 관계보다 먼저 나 자신과의 관계에서 자라지요. 늦었더라도, 지금 이 순간부터 그 질문에 답하려는 노력을 시작하려 합니다. 내 삶을 내 것으로 만들고 싶다면, 가장 먼저 해야 할 일은 나와의 대화를 멈추지 않는 것일 테니까요.

흑백의 일상에 컬러를 입히는
나만의 정화 의식

　매일 같은 시간에 생방송을 진행했던 시절 저는 스스로의 에너지를 그 시간에 맞춰 조율하곤 했습니다. 너무 배부르지도 너무 지치지도 않은 상태로 마이크 앞에 앉았습니다. 그렇게 하루의 텐션을 가장 높게 유지하며 방송을 마치고 나면, '오늘도 내 몫을 잘 해냈다'는 작은 성취감이 남았지요. 저는 그 시간을 중심으로 하루를 설계했고, 방송을 중심으로 하루의 계획을 짜는 것이 제가 긴 시간 동안 방송을 지속할 수 있었던 비결이기도 합니다. 지금 돌이켜보면 그것은 저만의 리추얼이었습니다.

'리추얼'이란 종교적 의식에서 나온 말이지만 지금은 일상에서 반복되는 의미 있는 행동을 가리키는 말로 쓰입니다. 단순한 습관이나 루틴과 달리 리추얼은 그 행동 자체에 특별한 의미를 부여하고 의도를 담아 실행하는 것이지요. 마치 자신만의 작은 의식이라고나 할까요. 리추얼을 통해 마음을 다잡고 에너지를 충전하는 것입니다.

나를 위해, 내가 나에게 선물하는 시간

그런데 어느 날 "언니는 아직도 라디오 진행하는 게 재밌어?"라며 후배가 물어왔습니다. 19년간 진행한 〈황정민의 FM대행진〉을 끝내고, 오후 2시부터 4시까지 〈황정민의 뮤직쇼〉를 함께한 지 4년이 넘어가던 무렵이었죠.

20년이 넘는 시간 동안 매일매일 방송을 해왔으니 조금 지겨워 보였을 수도 있겠다 싶었습니다. 그리고 그 질문이 제 마음을 흔들어놓았지요. '재미, 그게 뭐지? 재미라는 감각이 내 삶에서 언제부터 희미해진 걸까.' '나는 지금 무엇을 하고 있나.' '어제와 같은 오늘, 오늘과 같은 내일을 살아온 지 얼마나

됐지?'

일상이 지겹지 않은 사람들이 세상에 얼마나 될까요. 지루하고, 비루하고, 지리멸렬한 게 어쩌면 대부분의 삶일 텐데 말입니다.

그맘때쯤 정해윤 작가의 《오늘도 리추얼: 음악, 나에게 선물하는 시간》이라는 책을 읽게 되었습니다.

"내게 리추얼이란 반복적으로 나 자신에게 선물하는 시간을 의미한다. 의식하고 도입할 수도 있지만 좋아해서 이미 자연스럽게 하고 있는 무언가가 될 수도 있다."

이 문장을 읽는 순간, 반짝 제 안에 불빛이 켜진 느낌이 들었습니다. 그렇구나, 우리는 이미 자신만의 리추얼을 갖고 살아가고 있었던 거구나. 다만 그것을 인식하지 못했을 뿐이구나.

아침에 일어나 일상을 살아가듯 라디오는 저에게 너무도 자연스러운 삶의 일부였다는 걸요. 그래서 방송 시간만큼은 내가 할 수 있는 일에 집중하자고 다짐했지요.

하루 중 제일 좋은 기분을 유지하는 시간을 2시부터 4시까지로 정하고 컨디션을 조절했습니다. 그날 하루 동안 준비한 이야기들을 청취자들과 나눕니다. 한두 가지 정도는 방송이 끝나고도 생각해볼 거리를 남기고요. 방송이 끝난 뒤 남는 것은 고단함이 아니라 오늘 하루 내가 할 일을 정성껏 마무리했다는 충만한 기분이었습니다. 예전에는 특별한 재능을 가진 사람들을 부러워했지만, 이제는 잘 견뎌내는 나의 성실함에도 점수를 주고 싶다고 생각하면서요.

지금은 다양한 역할을 오가며 살고 있지만, 여전히 방송은 나를 나답게 만드는 중요한 중심축입니다. 예전에는 라디오 진행이 중심축이었다면 최근에는 홈쇼핑이 중심축입니다.

리추얼이 꼭 거창할 필요는 없습니다. 아침에 올리브오일을 한 숟가락 먹는 일, 잠들기 전 얼굴에 팩을 붙이고 한숨 돌리는 시간도 리추얼이 될 수 있습니다. 그 순간만큼은 누구의 간섭도 닿지 않는, 오롯이 나를 돌보는 시간이니까요. 그렇게 하루에 단 몇 분이라도 나를 위해 정성을 들이는 시간이 쌓이다 보면 어느새 나의 자존감도 함께 쌓입니다. 그리고 그 자존감은 결국 타인과의 관계에도 긍정적 영향을 미칩니다.

이처럼 리추얼은 반복되는 일상 속에서 나를 지탱해주는 버팀목이자 일종의 자기 돌봄이에요. 처음엔 별것 아닌 습관처럼 했던 행동이 어느새 하루를 건디게 해준 작고 단단한 의식이 되어 있었던 거죠. 처음엔 습관처럼 흘려보냈지만 나중에 돌아보면 이렇게 말하게 됩니다. '그 시간이 있었기에 내가 하루를 무사히 건널 수 있었구나.' 흑백 화면 위에 색을 덧입힌 것처럼 리추얼은 반복되는 일상에 의미와 생동감을 불어넣습니다.

그리고 문득 떠오른 사람이 있어요. 돌이켜보니 저에게 리추얼의 소중함을 가장 먼저 보여준 사람, 당시엔 그저 익숙하게 지나쳤지만 지금은 누구보다 분명하게 그 의미가 느껴지는 사람. 바로 엄마입니다.

엄마를 지탱하고 보살펴준 보라색 꽃밭

혹시 '아프리칸 바이올렛'이라고 아시나요? 작은 보랏빛 꽃이 피는 참 예쁘고도 섬세한 식물이에요. 그 꽃을 비롯해서 저희 집엔 화분이 가득했습니다. 날이 추운 겨울에는 화분을 마루에 들여놓고 식물을 키웠죠. 물을 주고, 잎을 닦고, 하루하루 변화를 살피는 건 매일 반복되는 일이었지만, 엄마는 한 번도 그걸 귀찮아하는 기색이 없었습니다.

그러곤 봄이 되면 화분들을 밖으로 하나하나 옮겨서 자연 속에서 키우셨지요. 꽃이 피기 시작하면 엄마는 늘 말하셨어요. "얘는 어느새 작은 새잎이 났네." "얘는 또 어쩜 이렇게 예쁜 꽃을 피웠나." 그러다 찬 바람이 불기 시작하면 다시 화분들을 안으로 들였습니다. 그렇게 계절이 바뀔 때마다 화분을 옮기는 일은 우리 집의 고유한 풍경이었고, 어느새 계절 행사처럼 여겨졌습니다.

솔직히 당시엔 이해하지 못했습니다. 아버지 건강도 돌봐야 했고 집안일도 쉴 틈 없이 많았던 엄마가 왜 그토록 정성스레 꽃을 돌보는지. 아이들을 키우는 것만으로도 벅찼을 텐데, 왜 그 조그만 잎과 꽃에 그렇게 마음을 쓰는지 어린 저는 알 수 없었어요.

지금 와서 생각해보니, 그건 엄마만의 리추얼이자 자신을 돌보는 방식이었는지도 모르겠습니다.

누군가에겐 운동이, 또 누군가에겐 음악을 듣는 순간이 리추얼이 되듯 엄마에게는 그 조그만 보랏빛 꽃이 일상의 균형을 지켜주는 중심축이었던 모양입니다. 반복되는 하루 속에서 아주 작은 생명을 돌보며 스스로를 지탱했던 것이겠지요.

그 시절, 엄마는 늘 누군가를 위해 살아야 했던 사람이었습니다. 하지만 그 틈바구니 속에서도 자신의 온기를 지키는 방법을 알고 계셨던 거예요. 이제는 알 것 같습니다. 엄마는 꽃을 기르신 게 아니라 그 시간을 통해 스스로를 지키고 계셨다는 걸요.

우리에게도 그런 리추얼이 필요합니다. 나만의 꽃밭을 가꾸는 시간 말입니다.

> 하루에 단 몇 분이라도 나를 위해 정성을 들이는
> 시간이 쌓이다 보면 어느새 나의 자존감도 함께 쌓입니다.
> 그리고 그 자존감은 결국 타인과의 관계에도
> 긍정적 영향을 미칩니다.

똑똑하게 TALK TALK 하기 ⑧

나만의 리추얼 찾기

리추얼은 단순한 루틴과 다르다. 거기엔 나를 돌보겠다는 의도와 정성이 깃든 반복이 있다. 일상에 의미와 생기를 더해줄 나만의 리추얼을 찾아보자.

1. 아침에 일어나 오늘의 '투 두 리스트'를 정리해보자. 손으로 쓰면 더 좋다.
2. 자기 전, 하루 동안 있었던 일을 한두 줄로 메모한다.
3. 목욕 후 보디로션을 바르며 가볍게 마사지한다. 내 몸의 주인은 나다. 내 몸을 소중히 여기고 정성스럽게 돌봐주자.
4. 하루 한 번 책 한 쪽을 소리 내어 읽는다.
5. 출근 전 거울 앞에서 자신에게 응원의 한마디를 건넨다. "잘될 거야. 안돼도 그만!", "나, ○○○이야!"
6. 하루 중 한 끼는 휴대폰 없이 온전히 식사에 집중하며 즐겨본다.
7. 잠들기 전 좋아하는 향을 맡으며 잠깐 리프레시한다.

8. 잠시 멍하니 있는 시간을 갖는다. 예전에는 멍하니 있으면 야단 맞았지만 바쁘디 바쁜 현대사회를 살고 있는 우리에게는 멍한 시간이 필요하다.
9. 퇴근길에 이어폰을 끼고 음악을 들으며 머릿속을 비운다.
10. 하루에 한 번 등도 펴고 어깨도 펴고 의식적으로 하늘을 바라본다. 넓은 하늘 아래 아웅다웅하던 일들이 조금은 사소하게 느껴질 것이다.
11. 골목 탐험을 시작해보자. 매일 똑같은 길로만 다닐 때와 달리 새로운 길로 다니면 새로운 것이 눈에 들어올 것이다.
12. 남이 해주면 좋겠지만 매번 부탁할 수는 없는 일. 나 스스로 셀프 칭찬을 해주자. 내가 나의 서포터즈가 돼주는 것이다.

여행하듯 일상을 산다면
삶이 조금은 더 다정해질지도

"무슨 수를 써서라도 여행하고 빈둥거리며 세계의 미래와 과거를 사색하고 책들을 보고 공상에 잠기며 길거리를 배회하고 사고의 낚싯줄을 긴 흐름 속에 깊이 담글 수 있기를 권한다."

버지니아 울프의 《자기만의 방》에 나오는 구절인데요. 여행을 좋아하는 저에게는 언제나 각별하게 다가오는 문장입니다. 그녀가 말한 '빈둥거림'과 '배회'가 바로 여행이 주는 가장 큰 선물이라는 걸 저는 오랜 시간 여행을 다니며 깨달았습니다. 일상에서 벗어나 낯선 곳을 걸으며 사색에 잠기는 순간들이 얼마나 소중한지를요.

이처럼 여행에 대한 기억은 언제나 즐겁습니다. 매일 구글 포토에 올라오는 몇 년 전 나의 사진을 보면 사진 속의 나는 그렇게 생기 넘치고 행복해 보일 수가 없습니다. 그때 비행기가 연착되어 얼마나 곤란했는지, 예상보다 볼 게 없어서 얼마나 심심했는지, 길을 헤매다 얼마나 지쳤는지. 그런 건 다 잊히고 여행의 설렘으로 신났던 기억만 남습니다. 그래서일까요. 여행에서 돌아오면 또 다른 여행을 꿈꾸게 됩니다.

여행이 깨워주는
설렘과 행복의 감각

'가장 휴가가 필요한 사람은 지금 막 휴가에서 돌아온 그대'라는 말이 딱 맞는 사람이 바로 저입니다. 퇴근하는 순간부터 출근하는 그날까지, 시간을 한 치도 낭비하지 않겠다는 마음으로 여행 계획을 세웠습니다. 늘 생방송을 해온 저에게 휴가는 너무나 소중한 시간이었기에 1분 1초도 허투루 쓸 수 없었죠. 출근 전날 돌아와 여유를 가지기보다는 한 시간이라도 더 현지에 머물고자 했습니다.

온 세상 사람들이 알아보는 유명인은 아니지만, 아무도 나를 모르는 곳에서 느끼는 자유로움이 있습니다. 꼭 지켜야 할 방송 시간이 있는 것도 아니니, 여행지에서의 하루는 오롯이 제 뜻대로 움직일 수 있지요. 한 번도 가보지 못한 곳에서 느끼는 문화적 충격도 신선했고, 익숙하지 않은 낯선 잠자리마저도 좋았습니다. 그런 자유로움 덕분에 여행지에서는 평소와 전혀 다른 에너지가 생겨납니다.

체력이 썩 좋지 못한 저이지만 여행지에서는 마치 슈퍼 파워가 샘솟듯 아침부터 밤까지 걸어 다닙니다. 등이 뻐근할 정도가 되면 '오늘 하루 참 잘 살았다'는 뿌듯함이 밀려오지요. 하지만 아이들은 다릅니다. 저보다는 느긋한 아빠의 여행 스타일이 더 잘 맞는 편이라 이런 제 여행 스타일이 조금 버겁게 느껴졌던 모양입니다.

언젠가 강원도로 여행을 갔었어요. 비가 오는 탓에 계곡에서 래프팅을 할 수도 없었고, 인터넷에 소개된 여행 정보들은 현장에서 겪어보니 기대와 사뭇 달랐습니다. 숙소에서 휴가를 보내야 했죠. 그래도 숙소 바닥은 뜨끈해 비 오는 날의 눅눅함을 없애주었습니다. 우리는 창 밖으로 비를 바라보며 바닥에

배를 깔고 누워서는 혹시 몰라 챙겨간 만화책을 보며 내내 빈둥거렸죠.

"엄마, 그때 너무 재밌었어." 아이들이 그러더군요. 바쁘게 돌아다니는 평소의 여행과 달라서 좋았던 건지, 아니면 아이들은 나와 다른 유전자를 가진 건지 잘 모르겠다는 생각이 들었습니다.

돌이켜보니 저는 틈만 나면 떠났습니다. 왜 그리도 여행이 좋았던 걸까요? 여행한다는 것이 그토록 행복한 이유가 뭘까 생각해봤죠. 여행지에서는 별다른 걱정이 없기 때문이었습니다. 평소의 저는 미래에 대한 자잘한 걱정과 과거에 대한 소소한 후회가 많습니다. 지금 이 순간에 집중하는 것이 가장 현명하다는 걸 저라고 모를 리 있겠습니까. 하지만 걱정 많은 기질과 나쁜 습관이 쉽게 바뀌지는 않더군요.

그런데 여행지에서는, 내가 발 딛고 있는 그 땅에서 살아내는 것이 최우선이 되기에 본능적으로 현재에 집중합니다. 생각할 겨를도 없이 길을 찾고, 기차를 타고, 낯선 음식을 주문해야 하니까요. 많이 걷다 보니 숙면을 취하게 되고, 그것이 유쾌한 기분의 원동력이 되기도 합니다. 몸이 피곤해야 마음이 편해지는 건 아이러니하지만 분명한 사실이더군요.

이런 감각을 일상 속에서도 실현할 수 있다면 어떨까요? 그냥 원데이 투어를 떠나는 겁니다. 평소에 가고 싶었던 전시회나 동네 탐험도 괜찮습니다. 늘 지나치던 골목길을 천천히 걸어보거나, 카페에서 사람들을 관찰하며 상상의 나래를 펼쳐보는 것도 좋겠지요. 여행지에서처럼 호기심 어린 눈으로 주변을 바라보면 익숙한 일상도 새롭게 보일 테니까요. 여행지에서는 하루가 더 길게 느껴지잖아요. 그만큼 순간순간에 최대한 집중하기 때문일 겁니다. 행복은 그 크기보다 빈도가 중요하다는데 우리 모두 일상에서 더 자주 행복을 발견한다면 얼마나 좋을까요.

떠난 여행은 즐거운 추억으로 남고
포기한 여행은 아쉬움으로 남는다

남편과 딸이 여행을 다녀왔습니다. 큰 아이가 고3이라 네 가족이 완전체로 움직이는 것은 무리였기에 유닛으로 여행을 가기로 했죠. 남편은 고등학생 딸이 둘만의 여행에 흔쾌히 동행해준 것만으로도 감격했어요. 평소 손가락 하나 까딱 않던 사람이 모든 여정을 직접 짜고 예약까지 해놓았더군요.

'칭찬은 고래도 춤추게 한다'더니 딸아이와의 여행이 얼마나 신났으면 남편이 저럴까 싶었지요. 여행은 이렇게 우리 안에 숨어 있던 또 다른 모습을 끌어내주기도 합니다.

여행은 습관일까요. 늘 여행에 목말라하는 엄마 밑에서 자라서였는지, 아이들도 대학에 가면 국토 대장정이나 세계 일주 같은 꿈을 키우고 있습니다. 낯선 곳을 타박타박 걸어보고 싶다는 제 열망이, 아이들에게도 자연스레 스며든 것 같아요. 하지만 이렇게 자유롭게 여행을 다닐 수 있게 되기까지는 꽤 오랜 시간이 걸렸습니다.

회사 생활 30년 동안 매일 생방송을 진행하다 보니, 한 주 이상 휴가를 내는 일은 불가능에 가까웠습니다. 휴가를 낼 때마다 '프로그램에 애정이 있는 거야, 없는 거야?'라는 비난 섞인 시선을 견뎌야 했지요. 그뿐인가요. 대신 진행하는 누군가가 발군의 실력을 보여줘서 혹시 다음 개편 때 내가 물러나야 하는 건 아닐까 하는 불안감도 따라붙었습니다. 방송은 신선한 얼굴을 선호하니까요.

그러다 어느 순간부터는 '자를 테면 자르라지 뭐' 하는 배짱이 생기더군요. 내가 평생 가보고 싶은 곳도 못 가보고 소처럼 일만 하며 살 수는 없다는 오기가 생긴 거죠. 물론 그만큼 평소에 최선을 다해왔기에 가능한 결심이었습니다.

그렇게 용기를 낸 덕분에 아이들과 함께 다양한 곳을 다닐 수 있었습니다. 그 후로 시간이 꽤 흐르고 나서, 아이들은 한창 여행 다니던 그때를 그리워하며 '그때 좀 더 열심히 다닐걸' 하고 아쉬움을 표하더군요.

그런데 정작 용기를 내지 못해 놓친 여행도 있습니다. 지금까지도 안 가서 후회가 남는 여행은 부모님이 마지막으로 미국 여행을 가셨을 때입니다. 아이도 어려서 떼어놓고 가기 힘들었고, 또 휴가를 간다고 말하면 어떤 반응이 나올지 뻔해 주저했는데 그게 지금까지도 마음에 걸립니다.

어렵게 강행한 여행은 즐거운 추억으로 남지만 망설이다 놓친 여행은 오래도록 아쉬움으로 남습니다.

딸과 함께한 유럽 배낭여행, 낯선 곳의 설렘과 함께한 다정한 한때

지난가을에는 딸과 유럽 여행을 다녀왔습니다. 고등학교에 진학하기 전, 그리고 제가 명예퇴직을 한 후의 여유로운 시기에 조금 더 넓은 세상을 보여주고 싶었습니다. 코로나19로 여행하기 좋은 시기를 놓쳐 아쉬움이 컸기에 그 바람은 더욱 간절했지요.

사춘기의 절정에 있는 딸과 2주간의 유럽 배낭여행이라니…. 이건 정말 대단히 위험한 모험이라는 생각이 들더군요. '우리 둘 다 별일 없이 돌아올 수 있을까?' 퇴직 후 에너지가 바닥난 상태였기에 모든 것이 두려웠습니다. 생소한 유럽의 기차를 타는 것도, 악명 높은 파리의 소매치기도, 심지어 딸의 기대를 내가 제대로 채워줄 수 있을까 하는 마음의 부담도 컸습니다.

계획은 여행 작가인 반쪽이 언니의 도움을 받아 세웠습니다. 한국에서도 유럽 철도 예약이 가능해지면서 점차 두려움도 걷히기 시작했지요. 여행 막판에는 '호텔에서 빨래만 해도 좋다'는 여유가 생겼습니다.

하지만 슬픈 예감은 틀리는 법이 없지요. 인천공항에서 체크인을 하는데, 제 여권에 적힌 메모를 본 승무원이 말하더군요. "독일은 여권 관리에 까다로워서 메모가 적힌 여권은 입국이 거부될 수도 있습니다. 저희는 책임질 수 없으니 서약서를 써주세요."

13시간을 날아갔는데 입국이 안 된다면 어쩌지? 비행 시간이 악몽 같았습니다. 다행히 입국에는 성공했고 무사히 호텔에 들어선 순간에야 안도의 한숨을 내쉴 수 있었어요.

차를 가지고 다니면 여러 가지로 수월할 텐데 기차여행의 낭만을 느껴보고 싶다는 딸의 요청에 따라 우리는 모든 일정을 기차로 소화했습니다. 미리 예약을 하고, 시간에 맞춰 역에 가고, 짐을 옮기는 등의 일이 쉽지는 않았지만 나중에 혼자 배낭여행을 할 때는 이때의 경험이 도움이 되겠지요. 차를 타고 가서 목적지 앞에 내리는 것과는 또 다른 매력이 있지 않겠습니까.

제 걱정과 달리 아이는 여행의 해방감에 들떠 있었습니다. 극강의 예민함을 보여주는 사춘기 소녀가 아니라 순하고 웃음 많은 예전의 모습으로 돌아온 듯했지요. 늘 퉁명스럽던 말투는 나긋나긋해졌고 조그마한 일에도 감탄하며 즐거워했습니다. 그 모습을 보며 '그동안 공부 스트레스가 참 많았구나' 하는 생각에 마음이 짠해졌습니다.

   이번 여행은 시차도 있었고, 딸의 시험 직후 출발한 여행이라 일정을 여유롭게 잡았습니다. 여러 도시를 빠르게 다니는 대신 한곳에 오래 머물며 그곳의 정취를 느끼는 쪽을 택했어요. 독일의 성당들은 냉담한 제 마음을 서서히 녹여주었고, 파리에서는 가이드들의 재치 있는 해설 덕에 거리 풍경조차 새롭게 다가왔습니다. '아는 만큼 보인다'는 말이 실감 났죠.
   일상은 반복되고, 우리는 점점 감동에 무뎌집니다. 낡아지기만 하고 좀처럼 깊어지지 않을 때, 낯선 도시의 아침은 다시 삶을 자극하고 나를 다정하게 격려해주었습니다.

감탄이 감탄을 불러오고,
기쁨이 기쁨을 확장한다

나이가 들수록, 좋은 사람들과 인연을 이어간다는 건 쉽지 않은 일이란 생각이 듭니다. 그래서 삶의 작은 기쁨을 함께 나눌 수 있는 친구가 곁에 있다는 사실이 갈수록 더 감사하게 느껴집니다.

좋은 것을 함께 보고, 좋은 말을 함께 나눌 수 있는 사람. 서로를 더 좋은 사람으로 만들어주고, 행복을 자연스럽게 증폭시켜주는 관계. 그런 사람들과 함께하는 삶은, 그렇지 않은 삶과는 분명히 다르겠지요.

좋은 사람들과
인연을 이어간다는 것

오랜 친구들과 함께 여행을 다녀왔습니다. 가족들과의 여행이 아닌 친구들과의 여행. 저에게는 정말 귀한 시간이었습니다.

아이들 밥을 챙기는 일에 투철한 직업의식을 갖고 있는 저로서는 시간을 내기가 쉽지 않았죠. 가족들에게 몇 번이나 물어보고, '내가 없어도 괜찮겠냐'는 다짐까지 받고서야 어렵게 만든 시간이었습니다. 한 후배가 미국에서 잠시 한국에 들어오게 되면서 모두가 어렵게 시간을 맞췄어요. 평일에는 전화 한 통 하기도 어려울 만큼 세상에서 가장 바쁜 친구들입니다.

이 친구들과의 우정은 30년이 넘었습니다. 우리는 이화여대 학보사에서 만난 사이입니다. 지금은 동아리 활동이 거의 사라졌다고 하더군요. 요즘 말로 '라떼'는 말이에요, 학업보다 학보사가 최우선이었습니다. 일주일에 한 번씩 신문을 만들어냈고, 방학 기간도 세미나와 농활, 수련회, 기사 트레이닝으로 채워졌죠. 휴가는 단 일주일뿐이었습니다. 숨 막히는 일정을 견디지 못하고 중도에 나가는 친구들도 많았습니다.

그 안에는 일반 신문사 못지않은 체계가 있었습니다. 수습, 정기자, 차장, 부장. 선배들은 후배들의 기사를 다듬어주고, 우리는 인터뷰할 사람을 섭외하고 취재하며, 기획 기사를 쓰기 위해 몇 날 며칠 현지로 떠나기도 했습니다. 저 스스로는 이대 '학보과'를 나왔다고 할 만큼 대학 생활의 거의 전부를 원고지 위에 흘려보냈습니다.

학보사에 쏟은 시간이 얼마나 치열했던지 학보사를 퇴임하며 저는 속으로 다짐했습니다. '이걸 견뎌냈으니 세상에 무서울 게 없겠다.'

그렇게 울고 싸우며 뭉쳐낸 학창 시절의 학보사 선후배들은 지금까지 30년 넘게 귀한 인연으로 이어지고 있습니다.

감탄이 퍼져나가
기쁨이 스며들다

그들은 하루에 3만 보를 걷고도 집에 돌아와 스쿼트 100개를 해내는, 말 그대로 강철 체력의 소유자들입니다. 다음 날 아침이면 아무렇지 않게 거뜬히 일어나 출근 준비를 하죠. 밤새 술을 마신 날도 예외는 없습니다. 아침 6시, 사부작사부작 샤워를 마치고는 "숙면했어!"라고 말합니다. 그게 끝이 아니에요. 방 안에 빙 둘러놓은 맥주캔을 정리하고 라면까지 척척 끓여주는 친구들입니다.

다섯 명이 모이니 이야기는 끊이질 않았습니다. 그중 한 친구는 분위기를 노래로 끌어올리는 데 남다른 재주가 있지요. 바다에 도착하자마자 푸른하늘의 〈겨울 바다〉를 불러 분위기를 띄우더니, 학보사 시절 자주 불렀던 노래들을 하나씩 꺼내 들려주기 시작했습니다. 불명을 하며 중학교 수련회 때 함께 불렀던 〈모닥불〉까지 이어졌지요. "모닥불 피워놓고 마주 앉아서 우리들의 이야기는 끝이 없어라…." 어느새 우리의 떼창이 바닷가에 울려 퍼졌습니다.

요즘 노래는 가사 한 소절 외우기도 힘든데, 어릴 적 부르던 노래는 어쩜 그리도 생생하게 그 시절의 감정까지 되살아나게 하는지 모르겠어요.

"하늘 색깔 좀 봐. 와, 여기가 산토리니!"
"사진부 기자 출신이 둘이나 있으니 오늘 인생 사진 나온다!"
"어쩜 너무 예쁘다. 이거 인화해서 걸어놔야겠다."

"정말 좋지 않니?"

"여기서 함께 보낸 시간이 계속 생각날 것 같아."

이런 감탄을 연달아 주고받으며 우리의 여행은 이어졌습니다.

저는 그렇게 "좋아, 좋아."를 연발하며 다니는 스타일은 아닙니다. 물론 오랜만에 친구들과 함께한 여행은 즐거웠고 날씨도 훌륭했습니다. 이 모든 걸 당연하게 여기기보단 감사하게 느꼈지만, 그걸 겉으로 표현하지는 않았습니다.

그런데 친구들이 한마디씩 감탄을 쏟아낼 때마다, 그 말들이 마치 작은 파문처럼 제 마음에도 퍼졌습니다. 이토록 맑고 반짝이는 날씨, 아무 계획 없이 발길 닿는 대로 걷는 여유, 그리고 그 한가운데 우리가 함께 있다는 사실. 매 순간 감동하고 감사해하는 친구들을 보고 있자니 제 마음도 조금씩 움직이더군요.

'그래, 맞아. 이 순간이 참 소중하구나.' 말로 표현하진 않았지만 내 안의 감정도 은근히 반응하고 있었습니다. 감탄이 감탄을 불러오고, 기쁨이 기쁨을 확장시키는 순간이었어요. 이처럼 좋은 감정은 표현되어야 더 잘 알게 되고, 주변으로 퍼져 깊이 스며듭니다.

좋은 감정은 전염성이 강하다, 나누고 확장하자

저도 이렇게 말 한마디, 감탄 하나에 마음이 움직였는데 아이들은 얼마나 더 민감하게 받아들일까요. 아이들에게도 행복한 순간에 느껴지는 감정을 직접 표현해주는 일이 중요하다는 것을 새삼 느꼈습니다. 그러려면 나쁜 상황보다 좋은 순간에 더 예민해지려는 노력도 필요하겠지요. 함께 있는 사람이 기분 좋은 순간의 느낌을 자주 말해주면, 메말라 있던 감성도 조금씩 촉촉해질 테니까요. 그 안에서 자연스럽게 따뜻한 마음이 자라날 겁니다.

너무 과묵해지지 말기로 해요. 좋은 느낌, 행복한 감정, 신나는 기분은 표현할수록 멀리 퍼집니다. 나눌수록 오래 남습니다. 아껴서 품는다고 진주 되는 거 아니니 아끼지 마세요. 말로 꺼내지 않은 감정은 기억 속에서 쉽게 흐려지고, 마음 깊은 곳까지 닿지 못한 채 사라져버리니까요.

아마도 저는 제 감정을 표현하는 데 조금 서툰 편인 듯싶습니다. 단순히 표현력이 부족해서인지 아니면 제 기준이 높아서 웬만한 일에는 반응하지 않는 것인지, 명확한 이유는 모르겠지만요.

분명한 건 "좋아, 좋아."를 연발하는 친구들과 함께했던 여행이 참으로 감동적이었고, 거의 완벽에 가까운 시간이었다는 겁니다. 저 역시 즐거운 기분과 행복한 기운으로 가득했으니까요.

우리는 다음 여행을 기약하며 돌아왔습니다.

"아빠는 늘
행복하셨습니다!"

드라마 〈나의 해방일지〉를 보고 심윤경 작가의 《나의 아름다운 할머니》를 읽으면서 언젠가 나도 아빠에 대한 글을 쓰고 싶다는 소망을 품었습니다. 짧지 않은 세월을 곁에서 지켜본 아빠였지만, 막상 글로 옮기려 하니 쉽지 않더군요. 어디서부터 꺼내야 할지 어떤 단어로 기억을 불러와야 할지 선뜻 손이 가지 않았습니다. 그리고 오늘에서야 이렇게 아빠에 대한 글을 쓰게 되네요.

"좀 손해 보고 사는 게 편안하다"

아빠는 어릴 때 6·25 전쟁이 나서 이북에서 내려오셨습니다. 할아버지는 그 동네에 학교를 세우고 가난한 사람들을 도와주는 존경받는 만석꾼이셨는데, 전쟁이 터지면서 모든 걸 내려놓고 남한으로 피난 오셨답니다.

어린 시절의 이야기를 자세히 하진 않으셨지만 고생스러우셨을 겁니다. 누구의 도움도 받지 못하고 배를 곯아가며 아르바이트를 하면서 겨우 학업을 이어가셨으니까요. 아빠는 가족과 함께 내려오셨는데, 할아버지가 일찍 돌아가시고 새엄마의 손에서 자랐습니다.

집에 쌀이 떨어지자 새엄마는 의붓아들인 아빠에게 집을 나가달라고 했답니다. 그때는 다들 사는 게 어려우니 그럴 수도 있었겠지요. 하지만 어린 아빠의 마음을 헤아려 보면 눈물이 납니다.

아빠는 고아와도 같았던 어린 시절을 보냈음에도 밝고 긍정적인 분이었습니다. 밖에서 힘든 일을 겪고 돌아와도, 아빠와 함께 있으면 마음 한구석에서 따뜻한 온기가 피어올랐습니다.

예전부터 아빠는 "좀 손해 보고 살라."고 말씀하셨어요. "좀 손해를 보고 사는 게 편안하다."고요. 사람 마음이란 게 주면 받고 싶고, 또 받으면 갚고 싶은 게 자연스러운 것이겠지요. 하지만 내가 아등바등 내 몫을 주장한다고 해서 주는 만큼 받고 받은 만큼 주고, 그렇게 관계가 딱 맞게 정리되는 건 아니더군요. 그래서 조금 손해를 보겠다는 마음이 있으면 좀 더 넉넉해질 수 있다고 생각해요. 내가 한 만큼 받지는 못하더라도 그 마음이 쌓여 덕이 되고, 그 덕이 또 다른 선순환이 되어 돌아온다고 저는 믿고 싶습니다.

"1등 할 필요 없다, 인생은 즐기면 되는 거다"

말 잘하는 사람들을 보면 대부분 부모님 중 한 분은 말을 재미있게 하시는 분이 계시더군요. 그런 면에서 보면 저희 집은 티키타카가 잘 이루어지는 집은 아니었습니다. 집에 돌아오면 아빠는 늘 거실에 앉아 TV를 보고 계셨습니다. 그때는 지금처럼 채널이 많거나 OTT가 있는 시절도 아니었는데, 항상 TV로 무언가를 보고 계셨지요.

집에 들어선 저를 향해 "별일 없었니?" 하고 안아주시면, 저도 습관처럼 "응, 별일 없었어."라고 대답했어요. 그런데 그 한마디를 나누고 나면 희한하게도 하루의 피곤이 풀렸습니다. 항상 그 자리에서 저를 기다려주시는 아빠의 모습에서 말로 다 표현할 수 없는 평온함을 느꼈기 때문입니다.

신입 아나운서 시절, 동기들은 친구이자 질투의 대상이 되기도 했습니다. 누군가는 비중 있는 프로그램을 맡아 여기저기 인터뷰하느라 바쁜데, 아무도 내 재능을 알아봐주지 않은 채로 시간만 흘러가는 것 같아 맥 빠지는 날들이 이어졌지요. 그런 시절이 지나고 저에게도 하나둘 프로그램이 늘어났습니다. 어느 순간부터는 체력적으로 버거워 더는 방송을 맡기 힘들 정도가 되기도 했지요.

그럴 때마다 아빠는 저에게 말씀하셨습니다. "1등 할 필요 없다. 1등 하면 다른 사람들이 뒤쫓고, 남의 눈에 띄기 시작하면 인생이 피곤해진다. 인생은 즐기면 되는 거다."

그때는 그런 이야기들이 귀에 들어오지 않았어요. 방송에 인생을 걸어보고 싶었고, 어떤 프로그램을 하는지가 중요했고,

방송이 나의 전부라고 생각했으니까요. 시간이 지나고 나서야 그때는 무심한 척 흘려버렸던 말들이 가슴에 와닿았습니다.

'아, 아빠가 한 말이 이런 의미였구나. 인생은 즐기는 사람의 것이지, 1등의 것이 아니구나. 내가 좋아하는 일을 계속할 수 있는 게 중요한 것이구나.'

어느새 저도 나이 드는 게 못 견디게 싫어진 시기를 맞게 되었습니다. 그리고 몸 여기저기서 예전 같지 않다는 신호를 보내오는 걸 마주하기 싫어 내심 투덜댈 때가 있습니다. 그런 저와 달리 아빠는 불평이 없는 사람이었습니다. 언제나 그 나이에 맞는 즐거움을 찾으셨지요. 격한 운동을 할 수 있는 나이에는 격하게, 또 산책밖에 할 수 없는 체력이 되셨을 때는 동네에 멋진 산책로를 찾아 걸으셨습니다.

무언가를 가지고 있어서 행복한 게 아니라, 그 안에서 행복의 요소를 찾고 즐거움을 찾으셨습니다. 아빠는 늘 행복하셨습니다.

일단
시작하자

"사람은 단기적으로는 자기가 한 일에 대해 후회하고, 장기적으로는 자기가 하지 않은 일에 대해 후회한다." 언젠가 외신에 이런 연구 결과가 인용된 걸 본 적이 있습니다. 이래도 후회, 저래도 후회. 어쩌면 사람은 후회를 많이 하며 살아가는 존재인지도 모르겠습니다. 돌이켜보니 시간이 지난 후에는 하지 않은 일에 대한 후회가 더 깊이 남는 게 맞는 듯합니다. 제 경험으로도 그렇습니다. '그때 그냥 한번 해볼걸.' 이런 생각은 시간이 흐를수록 마음속에서 자라나 어느 순간에는 깊은 아쉬움으로 자리를 잡곤 하지요.

매번 나를 주저앉힌 건
잘하고 싶은 마음이었다

저는 뭔가를 시작할 때 꽤 많은 것을 고려하는 사람입니다. 그래서 앞날을 지나치게 고민하고, 미래를 과도하게 시뮬레이션하는 경향이 있습니다. '걱정 인형의 걱정은 누가 걱정해주나'를 고민하는 사람이거든요.

이처럼 '잘하고 싶은 마음'은 걱정과 불안을 키웁니다. 그 마음이 어떤 때에는 나를 멋지게 밀어 올려주기도 하지만, 또 어떤 때에는 나를 꽁꽁 묶어놓기도 합니다. 특히 완벽하지 못할 바에는 차라리 시작하지 않는 게 낫다는 생각을 하게 되죠. 중간에 그만두는 건 실패처럼 느껴지기에 시작 자체를 미루게 됩니다.

이 책을 쓰는 일도 마찬가지였습니다. '내가 과연 글을 잘 쓸 수 있을까?' '독자에게 도움이 되는 이야기를 전할 수 있을까?' 그런 질문들 앞에서 한참을 망설였습니다. 그래서 무엇이든 시작하는 일이 제게는 늘 쉽지 않았고, 놓쳐버린 기회들도 적지 않았습니다.

뉴스 진행을 하던 시절 〈개그콘서트〉에서 뉴스 앵커 역할로

한 코너를 맡아 달라는 제안을 받은 적이 있었어요. 그 시절 개콘 무대는 단 한 번만 나가도 인지도가 확 오를 만큼 큰 영향력을 갖고 있었죠. 그런데 '내가 예능을 잘할 수 있을까? 웃기지 못하면 어떡하지?' 하는 생각이 발목을 잡았습니다. 결국 도전조차 하지 못한 채 기회를 흘려보냈지요.

〈열린음악회〉 오디션도 제가 포기한 기회 중 하나였습니다. 한 번쯤은 그런 무대에 서보고 싶다는 마음이 있었지만 선배 한 분이 말씀하시더군요. "너는 〈열린음악회〉 진행자로는 안 어울릴 것 같아. 그건 키 크고 드레스가 잘 어울리는 사람이 해야 하지 않겠니?"

그 말을 들으니 왠지 기가 죽더라고요. 게다가 〈열린음악회〉를 진행했던 황수경 아나운서를 떠올려보니 그 말이 맞는 것 같기도 했습니다. 결국 시도조차 해보지 못한 채 포기했지요.

지금까지 제가 맡았던 프로그램들을 돌아보면, 제 나름의 방식대로 색깔을 입히며 조금씩 새롭게 만들어나간 경우가 많았습니다. 그러니 〈개그콘서트〉도, 〈열린음악회〉도 도전해보았으면 됐을 일이었어요. 그런데 그때는 왜 그렇게 쉽게 마음을 접어버렸을까 싶습니다.

지나고 나서 보니 이처럼 '할까 말까' 고민이 될 때는 해보는 것이 맞다는 생각이 듭니다. 결과가 기대에 못 미쳤더라도 시도해본 일은 제게 경험이라는 선물을 남겨주었습니다. 아무것도 하지 않고 후회하는 것보다 실수하더라도 움직였다는 사실이 저를 조금 더 단단하게 만들어주었어요.

그래서 이제는 생각만 하다 멈춰 서기보다는 조심스럽더라도 한 발 내딛는 용기를 택하려 합니다. "Done is better than perfect."라는 말처럼 완벽하지 않아도 괜찮습니다. 그저 시작해보는 것, 그 작은 한 걸음이 삶의 방향을 바꾸기도 하니까요.

그런 저에게 용기를 준 말이 있습니다. 정신분석 전문의 김혜남 선생님이 쓴 《생각이 너무 많은 어른들을 위한 심리학》에 나오는 문장이에요. "결코 완벽한 때는 오지 않는 법입니다. 그러니 당신도 걱정과 고민을 내려놓고 어디로든 가보기를 바랍니다. 그만큼 당신의 인생은 분명 더 단단해질 테니까요."

그래서 요즘 저는 '원데이 클래스'를 일부러 찾아다닙니다. 거기서 새로운 것들을 접하고 나면 마음이 한결 가벼워집니다. 매일 하지 않아도 되고 잘하려 애쓰지 않아도 되기 때문입니다. 하루 동안 그 시간을 충분히 즐기면 그뿐입니다.

최근에는 아주 뜻밖의 즐거운 경험도 했습니다. 덴마크 왕실 도자기 브랜드인 로열 코펜하겐에서 창립 250주년을 기념해 연 아트 페인팅 워크숍에 참여했거든요. 7만 원을 내니 접시 두 개를 주었어요. 하나는 기념 접시였고 하나는 직접 꾸밀 수 있는 접시였는데, 완성된 작품은 구워서 집으로 보내주는 프로그램이었습니다.

어릴 적 미술 시간이 늘 부담이었던 저는 이 워크숍이 기대되면서도 은근히 긴장되었습니다. 초등학생 시절 저는 그림을 느리게 그릴뿐더러 손재주가 없어서 미술 시간이 다가오면 괜히 움츠러들곤 했습니다. 다른 아이들이 모두 끝내고 나간 후에도 혼자 남아 미안한 마음으로 그림을 마무리하던 기억이 선명합니다.

그런데 막상 워크숍에 가보니 제가 생각한 것과 분위기가 전혀 달랐습니다. 덴마크에서 온 장인이 진행을 맡았고, 참가자들은 접시 위에 이미 얇게 그려진 밑그림에 자신만의 붓질을 더하는 방식이었어요. 생각보다 훨씬 자유롭고 느긋한 분위기였죠. 마음이 한결 편해지더라고요. '굳이 잘하려고 하지 말고 그냥 내 마음 가는 대로 그리자'고 마음먹었습니다. 붓이 삐

뚫게 나가도, 선이 번져도 개의치 않았어요. '그냥 내 스타일이 그런 걸 뭐. 내가 사용할 접시고 내 작품이니 아무도 뭐라고 하지 않아' 하는 마음으로 나만의 접시를 완성했습니다.

그날의 경험이 무척 좋았어요. 마치 어린 시절 크레파스로 마음껏 색칠하던 때의 자유로움이 되살아나는 것 같았거든요. 붓끝에서 물감이 번져나갈 때마다 가슴 한구석에 담아두었던 긴장감이 하나씩 풀어지는 게 느껴졌어요. 멋지고 완벽하게 잘 그려야 한다는 생각들이 사라지고 붓과 도자기, 그리고 몰입하는 제 마음만이 존재했습니다.

평가를 염두에 두지 않고 자유롭게 나를 표현할 수 있다는 것, 그것이야말로 예술의 진짜 매력 아니겠어요. 그날은 오롯이 제 감각에 집중하며 몰입할 수 있었던 아주 순수한 시간이었습니다.

그저 한번 시도해보는 것, 완벽해야 한다는 강박에서 벗어난 것만으로도 좋았습니다. 그런 경험이 하나씩 쌓이다 보면, 언젠가는 '시작'이라는 말도 조금은 가볍게 느껴지지 않을까 하는 생각을 해봅니다.

일단 소파에서 일어나
신발부터 신어라

예전에 이런 글을 본 적이 있습니다. "퇴근 후 소파에 누운 나와 신발을 신고 밖으로 나선 나. 10년 뒤에는 전혀 다른 사람이 되어 있을 것이다." 처음엔 과장된 표현 같았지만 곱씹을수록 맞는 말이더군요. 변화는 작고 사소한 선택의 반복에서 비롯되니까요.

혹시 지금 이 글을 읽으면서도 '언젠가는 해야지' 하고 미루고 있는 일이 있으신가요? 운동, 독서, 정리, 새로운 취미… 머릿속에는 해야 한다는 부담으로 가득한데 좀처럼 시작하지 못하는 일 말입니다. 그런 일들 앞에서 우리는 왜 이렇게 주저하게 될까요?

앞서도 말했듯 '완벽하게 해야 한다'는 부담감 때문일 겁니다. 운동을 하려면 헬스장에 등록하고 매일 가야 할 것 같고, 공부를 하려면 책상 앞에 몇 시간씩 앉아 있어야 할 것 같죠. 하지만 그런 마음이 우리를 자꾸 멈춰 서게 만듭니다. 그래서 필요한 건 완벽한 계획이 아니라 '일단 신발을 신는 일'입니다.

책을 펼쳐 몇 페이지를 읽는 것, 일단 의자에 앉아 노트북을

켜는 것, 현관문을 열고 나가 20분이라도 걷는 것. 이 작은 움직임이 변화의 시작이 될 수 있습니다. 청소도 마찬가지입니다. 집 전체를 한 번에 정리하려 하지 말고 오늘은 책상, 내일은 화장대, 그런 식으로 작게 나누면 부담은 줄고 실행은 쉬워집니다.

라디오 오프닝 원고를 준비하며 배운 것 중 하나가 있어요. 바로 '첫 문장의 힘'입니다. 대본을 앞에 두고 막막할 때, 완벽한 문장을 쓰려고 하면 오히려 아무것도 나오지 않더라고요. 그럴 때는 일단 아무 문장이나 써보는 겁니다.

"햇살이 좋네요."

"오늘 점심은 뭘 드실 건가요?"

"당신은 어떤 색깔을 좋아하세요?"

이렇게 무슨 말이든 한 줄이라도 쓰고 나면 의외로 그다음 문장이 자연스럽게 따라오곤 했습니다.

잘하려 애쓰지 말고, 완벽을 고민하지 말고, 지금 당장 할 수 있는 가장 작은 일부터 시작하는 것. 그 한 걸음이 쌓여 길을 내다 보면 어느새 전혀 다른 곳에 서 있을지도 모릅니다.

똑똑하게 TALK TALK 하기 ⑨

시작이 어려운 이들을 위하여

1. 어려운 일도 쪼개서 하면 쉬워진다
- 시작이 막막하게 느껴질 땐, 목표를 더 작게 나눠보자.
- ㉠ 책 한 페이지만 읽기, 집 청소 대신 책상 하나만 정리하기. 유튜브 5분 스트레칭 따라 하기, 일기 대신 메모 한 줄 적어보기.
- 작게 나누면 부담은 줄고, 실행은 쉬워진다.

2. 마음이 원하는 일부터 시작해보자
- 해야 할 일보다 하고 싶은 일, 마음이 원하는 일을 먼저 떠올려보자.
- ㉠ 오늘 하루 중 가장 기대되는 일 하나 적어보기, 퇴근 후 가고 싶었던 빵집에 들러 빵 사보기, 업무 시작 전 따뜻한 커피 한 잔 내려 마시기, 출근길에 듣고 싶은 노래 플레이리스트 만들기.
- 마음이 원하는 방향에 집중할 때 실행력이 생기고, 꾸준하게 할 수 있다.

3. '1회만 해보기' 전략을 써보자

- '계속하기'보다 '일단 한번 해보자'는 마음이 시작을 더 가볍게 만든다.
- ㉮ 경험해보는 데 의의를 두고 원데이 클래스 한번 들어보기.
- 꾸준히 이어가야 한다는 생각이 버거운 이들에게는 한 번의 경험도 충분히 가치 있다.

4. 결과보다 실행 자체에 집중하자

- 잘해야 한다는 생각이 시작을 늦춘다.
- ㉮ 결과를 기대하기보다 '일단 해봤다'에 집중하기. 하루를 마무리할 때 '오늘 잘한 일' 한 가지 써보기.
- '완벽한 나'보다 '실행한 나'를 더 자주 칭찬해주자.

내 뜻대로 말한다는 것

초판 1쇄 인쇄 2025년 9월 10일 | 초판 1쇄 발행 2025년 9월 18일

지은이 황정민

펴낸이 신광수
출판사업본부장 강윤구 | 출판개발실장 위귀영
단행본팀 오유미, 김혜연, 조기준, 조문채, 정혜리
출판디자인팀 최진아, 김가민 | 출판기획팀 정승재, 김마이, 박재영, 이아람, 전지현
출판사업팀 이용복, 민현기, 우광일, 김선영, 이강원, 정유, 정슬기, 허성배, 정재욱, 박세화, 김종민, 정영묵
출판지원파트 이형배, 이주연, 전효정, 이우성, 장현우

펴낸곳 (주)미래엔 | 등록 1950년 11월 1일(제16-67호)
주소 06532 서울시 서초구 신반포로 321
미래엔 고객센터 1800-8890
팩스 (02)541-8249 | 이메일 bookfolio@mirae-n.com
홈페이지 www.mirae-n.com

ISBN 979-11-7347-957-1(03190)

* 와이즈베리는 ㈜미래엔의 성인단행본 브랜드입니다.
* 책값은 뒤표지에 있습니다.
* 파본은 구입처에서 교환해 드리며, 관련 법령에 따라 환불해 드립니다.
  다만, 제품 훼손 시 환불이 불가능합니다.

> 와이즈베리는 참신한 시각, 독창적인 아이디어를 환영합니다.
> 기획 취지와 개요, 연락처를 bookfolio@mirae-n.com으로 보내주십시오.
> 와이즈베리와 함께 새로운 문화를 창조할 여러분의 많은 투고를 기다립니다.